PERÍODOS BÍBLICOS

RAFAEL M. RIGGS

La misión de Editorial Vida es ser la compañía líder en satisfacer las necesidades de las personas con recursos cuyo contenido glorifique al Señor Jesucristo y promueva principios bíblicos.

PERÍODOS BÍBLICOS
Edición en español publicada por
Editorial Vida – 2009
Miami, Florida

Nota: Editorial Vida publicó este libro por primera vez en 1998.
Del mismo se realizaron dieciséis reimpresiones.
La edición actual se revisó en 1998

ISBN: 978-0-8297-1578-1

CATEGORÍA: Estudios bíblicos / Profecía

IMPRESO EN ESTADOS UNIDOS DE AMÉRICA
PRINTED IN THE UNITED STATES OF AMERICA

HB 02.11.2020

ÍNDICE

ÍNDICE

Lección 1

ESTUDIOS DE LOS PERÍODOS BÍBLICOS

INTRODUCCIÓN

La Biblia, que es la Palabra de Dios, con sus claras y autorizadas declaraciones acerca de los misterios y problemas de la vida, es la única esperanza del hombre y de las naciones. Ella contiene la única auténtica historia de la creación del mundo y de los principios de la historia humana. Ella sola se propone revelar el futuro. En sus páginas lleva la historia del gran amor de Dios por el mundo y su maravilloso plan de redención. Presenta la verdadera filosofía de la vida.

No es la voluntad de Dios que haya entre los hijos de los hombres guerra, codicia, injusticia, ignorancia, ni ninguna clase de pecado. Es por rehusar el único camino de vida y seguir falsas filosofías, que el hombre ha traído al mundo el caos que vemos por todas partes, y que lo lanzará al abismo de su propia destrucción, a cuyo borde ya está. "Los sabios se avergonzaron, espantáronse y fueron presos: he aquí que aborrecieron la palabra de Jehová, ¿y qué sabiduría tienen?" (Jer 8:9).

La Biblia muestra el camino para la salvación individual, y para la solución de todos los problemas personales. Presenta la persona de Cristo como Salvador, Vida, Luz, Amor, Fuerza, Sabiduría, Alimento del Alma, Amigo Personal y como Guía. Sin la Biblia, uno está perdido, espiritual y mentalmente, y condenado a vagar en tinieblas, hundiéndose en eterna desesperación. Debemos estudiar la Biblia porque ella sola es nuestra salvación.

Además, la Biblia es para nosotros un libro abierto. Tenemos la libertad para leer, creer y enseñar sus benditas verdades. La imprenta y los sistemas educativos han hecho posible que cada uno posea y lea por sí mismo un ejemplar de ella. Tenemos un día de cada siete que podemos dedicar a su estudio y propagación. Las iglesias, la literatura y la radio están a nuestra disposición en casi todas partes como un medio para diseminar el evangelio. ¿Qué excusa tenemos para no conocer y leer la Biblia?

Al aproximarnos a sus páginas sagradas, encontramos al Espíritu Santo, quien es enviado por nuestro amoroso Padre celestial como el divino intérprete y guía en su lectura. "Él os enseñará todas las cosas...os guiará a toda verdad...tomará de lo mío, y os lo hará saber" (Jn 14:26; 16:13, 14). Se exhorta a procurar "con diligencia presentarte a Dios aprobado, como obrero que no tiene de qué avergonzarse, que traza bien la palabra de verdad" (2 Ti 2:15). ¿Qué significa trazar bien la palabra de verdad? La versión inglesa de este pasaje nos ayuda a comprender su significado, cuyo sentido es: "dividir bien la palabra de verdad", o sea, hacer una distinción y separación correcta de su contenido, procurando no confundirlo o dividirlo erróneamente. Es el propósito de este libro ayudar a los estudiantes a entender y dividir correctamente la verdad bíblica.

"Por la fe entendemos haber sido compuestos los siglos (las edades) por la palabra de Dios" (Heb 11:3). Este delineamiento de las edades, este bosquejo del gran plan de Dios, puede ser tomado con toda confianza como una división correcta de la enseñanza bíblica. Es una cosa maravillosa ver este plan y su cuidadoso y majestuoso desarrollo a través de las edades. Al tener este plan en vista, encontraremos que las grandes doctrinas de la Biblia —como la de la Trinidad, la caída y redención del hombre, el origen y destino de la iglesia, la diferencia entre la ley y la gracia, y aun la victoria personal en Cristo— se hacen más claras y comprensibles. Un entendimiento de los tiempos y de las verdades proféticas en general, también está basado en una correcta idea de la continuidad de los "números" del gran programa divino. Las edades bíblicas, en su sucesión lógica, son la columna vertebral de la Biblia, de donde fluyen sus enseñanzas cardinales, y donde encontramos el alimento espiritual. El arreglo ordenado y la clasificación adecuada de la verdad divina, que proporciona el estudio de los períodos bíblicos (dispensaciones), nos evitará extraviarnos y nos librará de muchas confusiones en la interpretación bíblica. Como dijo San Agustín: "Distinguid los períodos, y las Escrituras armonizarán solas".

Nuestra división general de la verdad bíblica consistirá en arreglar los hechos relacionados con la tierra, el hombre y los espíritus, en tres distintas secciones o partes. La primera parte se relacionará con la tierra misma y las varias fases de su existencia. La segunda parte, la más larga de las tres, tratará de la historia del hombre, su caída y redención. Y, finalmente, la tercera parte tratará del mundo de los espíritus con sus diferentes clases de seres.

LAS GRANDES FASES CÓSMICAS DE LA EXISTENCIA DE LA TIERRA

De acuerdo con la palabra de verdad, la tierra en que vivimos ha pasado por varios períodos de transición que la han cambiado completamente. Todavía están por acontecer nuevas transformaciones. Un estudio de estos cambios cataclísmicos nos será de gran valor al mismo tiempo que nos proporcionará un buen fundamento para los estudios que seguirán sobre el hombre y los espíritus. Al usar el término *tierra*, estamos incluyendo también la atmósfera que rodea la tierra, tanto como el sol y las estrellas. Muchas veces se usan juntos en las Escrituras los términos *cielos* y *tierra*. ("Creó Dios los cielos y la tierra", Gn 1:1; "El cielo y la tierra pasarán", Mt 24:35; "Y vi un cielo nuevo, y una tierra nueva", Ap 21:1.) Después de considerar la creación de la tierra, debemos notar los cambios producidos después de la caída del hombre y después del diluvio, y los que acontecerán en la segunda venida de Cristo y en el juicio del gran trono blanco. Esto nos dará los siguientes encabezamientos para los asuntos a tratar: La Creación, La Tierra Edénica, La Tierra Antediluviana, La Tierra Postdiluviana, La Tierra Milenial, y La Nueva Tierra.

1. LA CREACIÓN (Gn 1:1 a 2:1)

a. Antes de la creación.

Dios existía mucho antes que la tierra. "En el principio era el Verbo, y el Verbo era con Dios, y el Verbo era Dios. Este era en el principio con Dios. Todas las cosas por él fueron hechas; y sin él nada de lo que es hecho, fue hecho" (Jn 1:1–3). "Porque por él fueron criadas todas las cosas que están en los cielos, y que están en la tierra, visibles e invisibles; sean tronos, sean dominios, sean principados, sean potestades; todo fue criado por él y para él. Y él es antes de todas las cosas, y por él todas las cosas subsisten" (Col 1:16, 17).

Sucedieron muchas cosas antes que la tierra fuera creada. "Aquella gloria que tuve cerca de ti antes que el mundo fuese". "Me has amado desde antes de la constitución del mundo" (Jn 17:5, 24). "Según nos escogió en él antes de la fundación del mundo" (Ef 1:4). "Del Cordero, el cual fue muerto desde el principio del mundo" (Ap 13:8). "De Jehová es la tierra y su plenitud; el mundo, y los que en él habitan. Porque él la fundó sobre los mares, y afirmóla sobre los ríos" (Sal 24:1–2). La creación de Gn 1, es evidentemente la fundación del mundo.

b. Génesis 1:1

"En el principio creó Dios los cielos y la tierra" (Gn 1:1). Esta es la más sublime expresión de toda la literatura. Es la introducción que Dios hace del tiempo (el principio), del propósito (Dios), de la fuerza (creó), del espacio (cielos), y de la materia (tierra): los factores principales del mundo. Tenemos aquí una declaración que abarca la filosofía, la geología, la astronomía, la cosmogonía y la teología. Es el principio de la ciencia, del arte, de la historia y de las cosas espirituales.

Clara y definidamente, Dios creó el mundo. Dios, el Eterno, en un punto definido, creó la tierra, "siendo hecho lo que se ve, de lo que no se veía" (Heb 11:3). No encontramos aquí una eternidad de la materia. Que Dios es eterno, sí; pero no la materia. La materia, la fuerza y el espacio, todo fue hecho definidamente por Dios en el principio de los tiempos.

c. La teoría de la creación progresiva.

¿Cuál fue el método que Dios empleó en la creación? ¿Cuáles fueron sus características? ¿Qué procedimiento siguió Dios? Algunos enseñan que Gn 1:1 es una declaración comprensiva de lo que le sigue. Se afirma: "En el principio creó Dios los cielos y la tierra", y en el resto del capítulo se dice cómo.

Primero creó una masa de agua que no tenía forma, y las tinieblas estaban sobre la haz del abismo. "Y el Espíritu de Dios se movía sobre [se inclinaba sobre, o respiraba sobre] la haz de las aguas". Por esto se entiende que Él infundía o destilaba vida en esa masa de caos, que más tarde ordenó que asumiera varias formas. Con esta materia prima de agua no formada, procedió a crear el cosmos del caos, a formar el mundo hermoso que ahora conocemos.

En el primer día dijo Dios: "Sea la luz: y fue la luz". Aquí no creó la luz, porque aquí se emplea una diferente palabra hebrea. Sólo hizo que se tornara visible, que apareciera. Pero era lo suficientemente clara como para llamar a la luz Día, y a las tinieblas Noche. ¿De dónde vino esta luz, siendo que el sol no fue creado hasta el cuarto día? ¿Es ésta la luz cósmica o química de que habla la ciencia?

En seguida vino la división de las aguas arriba y abajo de la expansión. El hecho de que Dios no llamara buena la obra de este segundo día, ha sido considerado como que indica que los cielos que entonces hizo fueron inmediatamente invadidos por Satanás y sus ejércitos de malos espíritus (Ef 6:12; 2:2).

Después vino la separación de las aguas por la elevación de una parte de la tierra, quedando seca, y la producción de vegetación en la tierra. Nuevamente no se usa la palabra "crear". Simplemente Dios dijo: "Produzca la tierra hierba verde, hierba que dé simiente; árbol de fruto que dé fruto según su género, que su simiente esté en él, sobre la tierra: y fue así".

En el cuarto día dijo Dios: "Sean por lumbreras en la expansión de los cielos para alumbrar sobre la tierra: y fue así". Pero tampoco éste es un acto creativo, sino una orden para que entre en funciones. Pero en el quinto día Dios nuevamente crea, usándose la misma palabra que aparece en Gn 1:1 y 27. Ballenas y toda criatura viviente que se mueve son distintas creaciones, como también lo es el hombre en el sexto día.

d. La teoría de la tierra original

Esta teoría considera que la interpretación precedente es errada porque hace principiar a Dios su creación con una masa de agua caótica e ignora la implicación, en su uso restrictivo, de la palabra *crear* en la primera parte del relato de la creación. Ofrece una teoría que corrige estos errores, como ellos les llaman. Sostiene que una "tierra original" es la que se describe en Gn 1:1, y que era perfecta en todo sentido; que Satanás (entonces llamado Lucifer, "hijo de la mañana") era su gobernante; que el pecado de Satanás trajo la maldición de Dios no sólo sobre él sino también sobre todo el mundo, la tierra original; y que el caos de Gn 1:2 es el estado de ruina a que Dios redujo la tierra original por el pecado de Satanás. Se dan los siguientes argumentos en favor de esta teoría:

No es concebible que una creación original de Dios pueda haber sido algo menos que perfecta. El v. 2 y los que siguen, por lo tanto, no pueden describir la tierra original, sino la tierra caótica y la formación de la presente tierra. Is 45:18, nos habla acerca de la tierra: "No la *creó* en *vano*" (o vacía según otra versión). Esta creación original puede haber sido el jardín mineral del Edén, el santo monte de Dios, del cual se habla en Ez 28:12–16, donde Satanás andaba "en medio de piedras de fuego". Este paraíso mineral nos recuerda el paraíso de Ap 21 y 22, que encontraremos en los nuevos cielos y en la nueva tierra. La descripción del Edén en Ez 28:13 es diferente del Edén de Adán en Gn 2:8; sin embargo, se usa el mismo nombre. De ahí que se pueda concluir que el primer Edén era de una diferente creación, mas de la misma tierra.

También se puede inferir que fue de esta exaltada posición que Satanás aspiró a ser como el Altísimo (Is 14:12–14), cuando la gran ira de Dios redujo la tierra original al caos absoluto descrito en el v. 2, dejando a Satanás y a sus ángeles sin hogar. Esto también podría explicar la venida de Satanás al Edén (su antiguo hogar), procurando desalojar a sus nuevos ocupantes. Con relación a esto, algunos creen que los demonios, que constantemente están procurando encarnarse en los hombres (Mt 8:31), son espíritus incorpóreos de seres que antes habitaban la tierra original. (Sabemos que no habían *hombres* en la tierra original, porque se dice que Adán era el *primer* hombre, 1 Co 15:45.)

Encontramos otra confirmación de esta idea en Is 45:18 (Versión Moderna): "No en vano la creó, sino que para ser habitada la formó". "Aquí tenemos la creación y la formación, la una original y la otra posterior; la una produciendo algo de la nada, la otra formando algo de un material preexistente" (W.C. Stevens). La diferencia entre creación y formación es real, porque en ninguna parte del relato de la creación después de Gn 1:1 se usa la palabra *crear*, excepto cuando se trata de la vida animal y la creación del hombre en el quinto y sexto día. Esto parecería indicar que, después del v. 2, el relato "describe más una reformación que una creación, la transformación del caos en cosmos, o sea, la tierra que conocemos". Cada día en sucesión pone en funciones o hace visible la luz, el firmamento, la tierra seca, la vegetación y las luminarias. Después de ordenarse (no crearse) la luz, la tierra "produjo" hierba verde, etc., posiblemente de la simiente que estaba dormida de la creación original. La "creación" de los animales en el quinto día fue, o bien un agregado o una restauración de la vida animal, si es que la hubo en la tierra original. (Esta posibilidad ofrece una razonable explicación para la presencia de fósiles en la tierra cuya especie se ha extinguido.)

De toda esta argumentación se concluye que Gn 1:1 describe la tierra original perfecta, y que Gn 1:2a presenta el caos a que fue reducida esa tierra original por la ira de Dios.

e. La tierra en estado de caos

Ahora, si esta teoría de la tierra original es cierta, qué enorme contraste hay entre la creación original y el estado posterior a que fue reducida. Aquí no hay luz de ninguna clase; el cielo no se distingue de la tierra; no hay tierra seca por ninguna parte; no existe una expansión para dividir las aguas; y, por cierto, ninguna criatura viviente. Si había vida en alguna forma, ésta yacía latente en las semillas depositadas en las profundidades del océano. Esta es la más terrible maldición de que tenemos noticias que Dios envió sobre sus criaturas. ¡Qué espantosa demostración del poder esterilizador, consumidor y destructor de nuestro Dios, una vez que se ha dispuesto a juzgar!

Con cualesquiera de estas dos teorías, la descripción: "La tierra estaba desordenada y vacía, y las tinieblas estaban sobre la haz del abismo" (Gn 1:2a), con la inmensa expansión de agua sin luz ni calor, da amplio lugar a todas las épocas glaciales que enseña la geología, porque estos estados existieron antes que principiaron los "días" de Gn 1.

Lección 2

LAS GRANDES FASES CÓSMICAS DE LA EXISTENCIA DE LA TIERRA

(Continuación)

f. Los "días" de Génesis 1

Que estos días de Génesis 1 no eran días de veinticuatro horas, es evidente por el hecho de que tres de ellos fueron completados antes que el sol apareciera. Además, debemos notar que en las Escrituras se hace uso frecuente de la palabra día para referirse a un período indeterminado de tiempo (véase Sal 95:8, Jn 8:56, 2 Co 6:2, 2 P 3:8). También Gn 2:4 habla del período completo de seis días como del "día que Jehová Dios hizo la tierra y los cielos". No es bíblico afirmar que la tierra tiene seis mil años de vida. La cronología bíblica data desde la creación del hombre y no desde la creación de la tierra.

Da gusto observar cuán bellamente este relato de Génesis 1 está corroborado por la geología. Esta ciencia enseña que hay seis períodos en la creación a través de las edades, concordando con los seis períodos sucesivos del Génesis. Según la geología, la vida precedió a la luz, desarrollándose aquella en el fondo de los mares. "El Espíritu de Dios se movía sobre la haz de las aguas". En seguida, la geología declara que primero hubo una luz química, no solar. "Sea la luz", dijo Dios en el primer día, y el sol sólo apareció en el cuarto día. La geología demuestra que la atmósfera forma una expansión elevando vapores de agua y formando nubes, separando las aguas de arriba de las de abajo. "Haya expansión en medio de las aguas, y separe las aguas de las aguas...y apartó las aguas que estaban debajo de la expansión, de las aguas que estaban sobre la expansión". La geología nos dice que a continuación los continentes se alzaron del fondo de la masa de agua y produjeron vegetación . "Descúbrase la seca"; "Produzca la tierra hierba verde". La geología nos dice que las enormes plantas de la edad del carbón nunca crecieron al sol sino a la sombra, que se alimentaron de la atmósfera de vapor, y que su madera no se endureció como hubiera ocurrido de haber estado expuesta al sol. El relato de Génesis pone el crecimiento de la vegetación antes que apareciera el sol en el espacio. En seguida, la geología coloca a los monstruos marinos, reptiles, aves aladas y cuadrúpedos mamíferos. La Biblia también señala este orden general. Tanto la geología como Génesis colocan al hombre al final de todo. Según la confesión de un científico moderno, si uno fuera a presentar el más reciente sistema de geología, no podría encontrar nada más sublime y sencillo que aquel que presentara Moisés.

El hecho de que se diga que toda la vida vegetal y cada sección de la vida animal fue creada cada una "según su género", estando su simiente en ella con capacidad para reproducirse (Gn 1:11, 24), prueba que cada día en sucesión, por un acto instantáneo del poder de Dios, produjo una obra acabada y perfecta, ya que Él mismo la consideró así. Esto está confirmado por la circunstancia de que después de cada día (excepto el segundo), y al final de toda la creación, Dios inspeccionó su obra y vio que era buena (Gn 1:4, 12, 18, 21, 25, 31).

g. La evolución.

Un tratado acerca de la creación del mundo no podría estar completo sin hacer siquiera una breve referencia a la teoría de la evolución. H.F. Osborn, en su libro en inglés "The Origin and Evolution of Life", ha declarado: "La verdad es que, desde el período de los primeros vestigios del pensamiento griego, el hombre ha estado ansioso por descubrir alguna causa natural de la evolución y abandonar la idea de una intervención sobrenatural en el orden de la naturaleza". Esta es una franca admisión del motivo que causó la aparición de la teoría de la evolución. No es un buen motivo, y si no fuera por el hecho de que muchas de nuestras escuelas primarias y secundarias, las altas instituciones de enseñanza y los púlpitos modernistas osadamente dan por sentado que la teoría de la evolución es verdadera, no le prestaríamos ninguna atención. Como una advertencia general y como una breve refutación, debemos decir lo siguiente:

"La teoría de la evolución es aquella posición filosófica y especulativa que mantiene que todos los variados elementos que componen el mundo inorgánico, y todas las incontables especies de criaturas vivientes en el mundo orgánico, tienen un origen común y se desarrollaron por efecto acumulativo de los cambios, en sí mismos imperceptibles, que fueron provocados por la energía de las "fuerzas inherentes de la naturaleza". Esta teoría, que echa a un lado el relato bíblico, asume la existencia de la materia y la fuerza, pero no ofrece ninguna explicación sobre su origen. Se supone que la materia existía originalmente en forma de vapor gaseoso uniforme y ardiente. La fuerza es descrita como la tendencia de esta materia a permanecer en movimiento. ¿No es tan indispensable la acción de la Infinita Sabiduría y Poder para la creación de la materia y la fuerza, con su supuesta capacidad de desarrollo y diversificación, como para la creación de los elementos separados, las plantas y los animales? El relato bíblico de la creación es tan razonable como científico, y no se necesita más fe para aceptarlo que la necesaria para creer en la teoría de la evolución. En verdad, es más razonable y necesita menos fe creer en la eternidad de un Dios personal y en su poder creador instantáneo, que aceptar la inexplicada existencia de la materia y la fuerza con su supuesto y misterioso poder de desarrollo.

La evolución cósmica, esto es, el surgimiento de las estrellas, de la tierra, del mar y del aire de una substancia originaria común, no podría ser probado en nuestros días en ninguna forma. Todas las investigaciones en el campo de la astronomía confirman que la ley del universo es y ha sido siempre la estabilidad y el orden. Estas observaciones y otros hechos descubiertos por el hombre, en vez de probar la evolución, son confirmaciones de que esta teoría es un mero fruto de la imaginación.

En la transformación de lo inorgánico, la teoría de la evolución requeriría que en el remoto pasado, y debido a asombrosos accidentes y mezclas de la fuerza y la materia, se generó la vida, y una planta llegó a crecer. Ahora, si todas las innumerables formas y especies de vida que existen sobre la tierra hoy día surgieron de substancias inorgánicas, entonces dos cosas deben ser verdad: (1) el substrato y las rocas de la tierra deberían guardar indicios de este paso de lo inorgánico a lo orgánico, y (2) la naturaleza toda a nuestro alrededor debería exhibir agrupamiento de átomos inorgánicos que se convierten en cuerpos orgánicos. Pero la generación espontánea, según Darwin mismo, es "absolutamente inconcebible", y no se encuentran rastros en ninguna parte que la vida orgánica surja de substancias inorgánicas. En verdad, la materia inorgánica no muestra signos de progreso alguno, ningún poder o disposición para avanzar en lo más mínimo.

La evolución admite que no puede saltar del reino vegetal al animal. Alfred R. Wallace, contemporáneo y colaborador de Darwin, dice que el avance del reino vegetal al reino animal es "completamente imposible de explicar por medio de la materia, sus leyes y sus fuerzas". ¡Sin embargo, la evolución tiene la pretensión de ser una plausible teoría del origen de las cosas, siendo que no puede explicar el origen de la materia, de la fuerza, de la vida vegetal y del reino animal!

Si la evolución es cierta, no debería haber especies o líneas divisorias en la naturaleza, sino que todo debería ser formas individuales mutándose en otras imperceptiblemente, cada una llegando a ser algo distinto, de manera que la clasificación sería imposible. Pero en vez de esto tenemos a nuestro alrededor un mundo con claras divisiones de clases y especies, marcadamente definidas, y separadas por barreras infranqueables. Así todo el universo prueba que la teoría de la evolución es falsa.

Y cuando se trata de pasar de la vida animal al hombre, nuevamente nos encontramos con que el eslabón está perdido. La búsqueda de este "eslabón perdido", ha sido patética. El gran químico anatomista, el profesor Virchow, dice: "Debemos francamente reconocer que hay una completa ausencia de un fósil de una etapa inferior en el desarrollo del hombre".

Los evolucionistas son incapaces de explicar la realidad de Jesucristo, que fue raíz de tierra seca; del cristianismo, que surgió con recio antagonismo a los credos de los judíos, griegos y romanos; y de la bendita Biblia, que H.G. Wells admite que fue la que produjo la civilización en vez de ser la civilización la que la produjo a ella.

Que los sistemas educativos y las religiones modernistas hayan aceptado tan fácilmente esta teoría, que ha sido repudiada por muchos científicos mismos, y para la cual no existe ninguna prueba, lo que le quita toda su fuerza, es una patética demostración de cómo, cuando los hombre no reciben con amor la verdad que salva, Dios les envía espíritu de error para que crean a la mentira y sean condenados (2 Ts 2:10–12).

Todas las especulaciones acerca del origen de las lenguas, de la religión, etc., y sobre las varias "edades" prehistóricas por las cuales pasara el llamado hombre primitivo, es producto de esta misma teoría evolucionista, y deben ser desechadas como paja, porque lo son. "Adán no fue creado como bebé ni era un salvaje primitivo, sino era un hombre completamente formado, perfecto en inteligencia y conocimiento, de otro modo no pudo haber puesto nombres a las bestias del campo y a las aves de los cielos. El hecho de que sus descendientes inmediatos tuvieran tal habilidad para inventar instrumentos musicales y otros objetos mecánicos, y pudieran construir ciudades y torres, y un barco como el arca, prueba que los hombres antediluvianos fueron hombres de grandes capacidades intelectuales, y que en vez de que el hombre haya "evolucionado" hacia arriba, ha degenerado "hacia abajo" (Clarence Larkin). Caín, el primer hijo del primer hombre, fue un labrador de la tierra y después edificó una ciudad. Ya en la sexta generación desde Caín, Jubal fue padre de los que manejaban el arpa y el órgano, y Tubal-Caín fue maestro de todo artífice de metal y hierro (maestro en una escuela técnica donde se preparaban operarios en metal y hierro). Gn 4:2, 17, 21, 22. Estos son los hechos bíblicos a los cuales la evolución se opone.

2. LA TIERRA EDÉNICA (Gn 2:4–25)

a. Una creación perfecta.

"Y vio Dios todo lo que había hecho, y he aquí que era bueno en gran manera" (Gn 1:31). La creación era perfecta en todos sus aspectos durante el período de la tierra edénica. No había espinas ni cardos, ninguna "maldición" en toda la naturaleza (esto vino después, Gn 3:17–18). La naturaleza no demostraba ninguna inclemencia, ni existía ningún sufrimiento en el reino animal. (Porque las criaturas fueron "sujetas" a vanidad, y gimen a una hasta ser liberadas a la manifestación de los hijos de Dios, es decir, la redención de nuestro cuerpo [Ro 8:19–23]. También, en la gran restauración, el león como el buey comerá paja y no harán mal ni dañarán [Is 11:6–9].) Ni los animales eran muertos para servir de alimento, porque las hierbas y las frutas eran la comida del hombre y las bestias (Gn 1:29, 30). No había lluvia, mas subía de la tierra un vapor, que regaba toda la faz de la tierra (Gn 2:5, 6).

b. El huerto.

En la parte oriental del Edén había un huerto plantado con "todo árbol delicioso a la vista y bueno para comer; también el árbol de vida en medio del huerto, y el árbol de ciencia del bien y del mal" (Gn 2:8, 9). Cuatro ríos regaban el huerto, y el hombre fue puesto en él para que lo labrara y lo guardase (Gn 2:10–15).

Parecería por Gn 5:3 que esta bendición edénica continuó por un siglo.

3. LA TIERRA ANTEDILUVIANA (Gn 3:17, 18).

a. La maldición.

Debido al pecado del hombre y como una parte del castigo, toda la creación fue sujeta a vanidad, y la maldición vino sobre toda la naturaleza (Ro 8:20–22). El espíritu de "pecado" entró en lo que ahora conocemos como los animales salvajes, convirtiendo a unos en animales de presa y a otros, víctimas de éstos (véase Ef 2:2). Espinas y cardos, zarzas y malezas, invadieron el reino vegetal, con enfermedades y agotamientos en las especies. También podríamos inferir por Gn 3:17 que los terremotos, volcanes, tormentas, huracanes, etc. fueron introducidos como fenómenos terrestres en este tiempo.

4. LA TIERRA POSTDILUVIANA (Gn 8:13).

a. Sus principios.

"Y quitó Noé la cubierta del arca, y miró, y he aquí que la faz de la tierra estaba enjuta". Esta fue la primera mirada que se dio a la tierra que ahora tenemos. Que se habían producido formidables convulsiones en la superficie de la tierra, lo prueba el hecho de que "fueron rotas todas las fuentes del grande abismo" (Gn 7:11), y que la tierra seca se hundió tanto que todo monte fue cubierto de agua, y después se elevó de nuevo de modo que las aguas volvieron a los mares. Como lo sugiere Clarence Larkin, también deben haberse producido cambios climatéricos que privaron a la atmósfera de algunos de sus elementos esenciales para la vida, de manera que la vida del hombre bajó de 900 a 100 años y aun a 70.

b. Su continuación.

Mientras permanezca, "todavía serán todos los tiempos de la tierra; la sementera y la siega, y el frío y el calor, verano e invierno, y día y noche, no cesarán" (Gn 8:22).

c. Su fin.

"Y habrá grandes terremotos, y en varios lugares hambres y pestilencias, y habrá espantos y grandes señales del cielo...habrá señales en el sol y en la luna, y en las estrellas; y en la tierra angustia de gentes por la confusión del sonido de la mar y de las ondas" (Lc 21:11, 25, 26). También el libro de Apocalipsis nos habla de grandes convulsiones y perturbaciones sin precedentes en la naturaleza que tendrán lugar al final de esta era.

5. LA TIERRA MILENIAL (Sal 72:8)

a. Sus principios.

Las tremendas conmociones de la naturaleza que caracterizarán el fin de la presente era culminarán con el partimiento en dos del monte de las Olivas, la formación en Judea de un valle, y el surgimiento de aguas vivas que fluirán de Jerusalén para vitalizar del Mar Muerto, acontecimientos que acompañarán el regreso personal de Cristo a la tierra para establecer su reino milenial (Zac 14:4, 8, 10; Ez 47:1–8).

b. Sus características.

Desaparecerá la ferocidad de los animales salvajes, restaurando el reino animal a su condición edénica (Is 11:6–9). (Será una excepción la serpiente, que será siempre el animal que conocemos, pero inofensivo, Is 65:25; 11:8.) Se quitará la maldición que pesa sobre la tierra, porque "en vez de la zarza crecerá haya", etc. (Is 35; 41:18, 19; 55:13; Amos 9:13). Además, la vida humana será prolongada, porque "según los días de los árboles serán los días de mi pueblo" (Is 65:22).

c. Su fin.

"Mas los cielos que son ahora, y la tierra...son guardados para el fuego". "De Dios descendió fuego del cielo, y los devoró". "Los cielos pasarán con grande estruendo, y los elementos ardiendo serán deshechos, y la tierra y las obras que en ella están serán quemadas". "Delante del cual huyó la tierra y el cielo; y no fue hallado el lugar de ellos" (2 P 3:7, 10; Ap 20:9, 11).

Por estos versículos nos parecería que la tierra será quemada y reducida a cenizas y gases, disuelta completamente para desaparecer para siempre. Pero un examen del contexto de estas Escrituras, y el sentido exacto de las palabras empleadas indican, en verdad, todo lo contrario. La tierra "perecerá" (2 P 3:6, 7) sólo como pereció la tierra antediluviana, esto es, sufrirá un cambio de un estado a otro. Cuando se dice que "la tierra y las obras que en ella están serán quemadas", se emplea para tierra la palabra "cosmos", que significa "la superficie de la tierra, lo que la habita, y no la tierra como planeta". Es su parte exterior la que será quemada y sus obras consumidas. La palabra pasarán significa "pasar de una forma a otra", y deshechos, "soltarse". (Véase Jn 11:44 donde se usa la misma palabra.) Por otra parte, la Escritura dice: "la tierra siempre permanece" (Ec 1:4; Sal 104:5). No podemos imaginar que esta tierra, que ha sido consagrada con la presencia misma del Hijo de Dios, y comprada con su preciosa sangre, sea alguna vez destruida y deje de existir. Será, más bien, fumigada, renovada, o purgada por el fuego de todo vestigio de pecado y enfermedad, destruyéndose para siempre la maldición que pesaba sobre ella.

6. LA NUEVA TIERRA (Ap 21:1)

"Y vi un cielo nuevo, y una tierra nueva", un cielo y una tierra renovados. En estos nuevos cielos y tierra, no habrá mares (Ap 21:1), en evidente contraste con Gn 1:2a, donde no había más que agua. También, en vez de las tinieblas de la tierra en estado de caos, no habrá allí noche, ni necesidad del sol, ni de la luna, ni de antorcha, porque el Señor Dios los alumbrará y el Cordero (Ap 21:23, 25; 22:5). Pero como en la tierra edénica, habrá un río y también estará el árbol de la vida (Ap 22:1, 2). No se encontrarán rastros de la maldición (Ap 22:3). Y ésta, su nueva creación, será para siempre jamás (Ap 22:5).

Lección 3

LOS PERÍODOS BÍBLICOS (O DISPENSACIONES) Y LOS GRANDES PACTOS DE DIOS

Por período bíblico, o dispensación según algunos, queremos significar "un período de tiempo durante el cual Dios pone a prueba la obediencia del hombre mediante una revelación específica de la voluntad divina". Desde el punto de vista humano, es un período moral o de prueba, y desde el punto de vista divino, es un intervalo de tiempo en el cual Dios trata a los hombres en cierta manera. Por lo que nuestro estudio de los períodos bíblicos o dispensaciones consiste en un análisis de las sucesivas fases morales de la historia humana; una consideración por períodos de la forma cómo Dios ha tratado con el hombre.

Todos los tiempos son divididos en siete períodos, principiando con la creación del hombre y terminando con la destrucción de los "antiguos" cielos y tierra, y la introducción de la eternidad. Delimitan estos períodos grandes crisis en la historia del hombre. La edad edénica se extiende desde la creación hasta la caída del hombre; la antediluviana, desde la caída hasta el diluvio; la postdiluviana, desde el diluvio hasta el llamamiento de Abraham, o, en su sentido más amplio, hasta la segunda venida de Cristo; la patriarcal, desde el llamamiento de Abraham hasta el éxodo de Egipto; la israelita, desde el éxodo de Egipto hasta la primera venida de Cristo; la eclesiástica, desde la primera venida de Cristo hasta su segunda venida; y la milenial, desde la segunda venida de Cristo hasta el establecimiento del juicio en el gran trono blanco.

Advertiremos fácilmente que, en una gran parte, las líneas directrices de estos períodos se asemejan mucho entre sí. Se encontrará que cada una tiene una nota dominante que representa su condición moral o cualidad característica. Cada una tiene un propósito definido en el plan de Dios, que se indica claramente. Cada una tiene un personaje sobresaliente, un acontecimiento prominente. Cada una principia con una nueva revelación de Dios, muestra una separación gradual de la revelación por la desobediencia, un apartamiento entre los que obedecen y los que desobedecen una degeneración de los que forman el grupo de los malos; después la desaparición de la barrera entre buenos y malos, terminando con casi una total apostasía de los buenos, y, finalmente, se ve el juicio de Dios. Por cierto que estas fases varían en sus grados de manifestación en cada período, y algunas no aparecen en otros. Las mencionamos como tendencias generales que son de interés observar en estos grandes ciclos de la historia. Puede asimismo observarse que las líneas demarcatorias que dividen estos períodos bíblicos o dispensaciones no están claramente definidas, sino que por el contrario se traslapan, es decir, ocurre a veces que el final de algunos de los períodos bíblicos abarca el comienzo del que le sigue.

Unidos a estos períodos (con una sola excepción), encontraremos grandes pactos que Dios ha hecho con el hombre. En cada caso, éstos constituyen la nueva revelación y la nueva prueba a que se somete al hombre, revelando los nuevos propósitos de Dios en los siguientes períodos.

LA EDAD EDÉNICA: El Período de la Inocencia
(Palabra Clave: Inocencia)

1. LA POSICIÓN DEL HOMBRE

a. En Cristo.

Como gobernante y cabeza de la perfecta creación de la tierra edénica, Dios hizo al hombre la corona y gloria de toda la creación (Gn 1:26, 28). Pero Cristo es "el resplandor de su gloria", "la imagen del Dios invisible" (Heb 1:3; Col 1:15). Cristo es la imagen de Dios, y el hombre fue hecho a la imagen de Dios. ¿Fue hecho, entonces, el hombre en Cristo? W.C. Stevens, en su libro en inglés *Revelation, the Crown Jewel of Prophecy* [Apocalipsis, la joya de la corona de la profecía], declara: "El simple y obvio sentido es, entonces, que el hombre sería creado en Cristo, la eterna imagen de Dios, y formado a semejanza de Cristo, la eterna semejanza o representación visible de Dios. Él era el original, Adán era sólo la copia... Adán fue formado en un cuerpo de barro a semejanza (aunque todavía no encarnado) de la forma visible del Hijo de Dios". Cristo gobernaría en su creación por medio de su representante, el hombre (Lc 3:38). Y había comunión entre Dios y el hombre, porque vemos que Dios "se paseaba en el huerto al aire del día" (Gn 3:8).

b. Perfecto.

"El hombre fue dotado con la más alta inteligencia y habilidad, como era necesario para gobernar el mundo según la mente y el propósito de Cristo". "Nombró a todos los animales correctamente por una percepción intuitiva del propósito y pensamientos de Dios en la creación". "No necesitó de ningún libro, o escuela, o experiencia previa para comprender todas las ciencias". "El hombre alcanzó el conocimiento por intuición y no por estudio" (Stevens). La única conclusión a que podemos llegar es que el hombre era sin ninguna imperfección tanto física como mental y moral.

c. La mujer.

Acerca de la creación de la mujer, escribe Matthew Henry: "No de su cabeza, para que no estuviera sobre él; ni de sus pies, para que no estuviera bajo él; sino de su costado la formó para que fuera igual que él, fuera protegida por él y estuviera cerca de su corazón para ser amada".

d. Sus vestidos.

Ambos estaban vestidos de luz (Mt 13:43), lo que es probado en su condición restaurada (Dn 12:3; Ro 8:18; Sal 104:2).

2. EL PACTO EDÉNICO

a. El lado divino.

En este período Dios se obligó a sí mismo a dotar al hombre en Cristo, como una copia de lo que Él era, con (1) inteligencia intuitiva perfecta, (2) habilidad administrativa con que dirigir toda la creación, y (3) completa autoridad para desempeñar sus funciones, siendo el hombre responsable sólo y directamente ante Dios.

b. El lado humano.

El hombre tenía algunas obligaciones menores que cumplir, tales como (1) henchir la tierra, (2) comer sólo hierbas y frutas, (3) cuidar el huerto, y (4) abstenerse de comer del árbol de ciencia del bien y del mal.

c. La libre voluntad del hombre.

La necesidad que Dios tuvo de poner al hombre esta sola prohibición está en que el hombre era un agente moral libre, con una voluntad inviolable. Una voluntad libre que no tiene opción a escoger no es libre. De aquí la indispensable necesidad que el hombre tuviera esta libertad de elegir servir o desobedecer a Dios. Pero se le advirtió claramente que la desobediencia tendría inevitables y terribles consecuencias. "El día que de él comieres, morirás".

3. EL FRACASO DEL HOMBRE

a. El villano entra en acción.

Aquí entra en escena el "villano", un espíritu errante, una "estrella desorbitada", un elemento extraño al orden perfecto de la creación edénica, inclinado sólo al mal, y que busca introducir confusión y el pecado en el hermoso huerto de Dios. Se introdujo en la serpiente, que era entonces la más sutil e, indudablemente, la más hermosa de todas las criaturas.

b. La astucia.

La duda es el filo de la cuña del pecado, y por medio de una velada insinuación el "villano" introdujo la duda en la mente de la mujer. "¿Conque Dios os ha dicho: No comáis de todo árbol del huerto?" En otras palabras, "¿Será verdad que Dios ha sido tan malo como para privaros de comer de todos los árboles del huerto?" No era necesario que aceptara este veneno. Ella podía y debía haber rechazado esta inicua insinuación.

c. Su éxito.

Su respuesta muestra que ella no sólo sucumbió a la sugestión, sino también que el veneno había obrado en su mente y corazón. Dudar de la palabra de Dios lleva a pervertir su palabra; por eso ella añade: "ni le tocaréis", y duda sobre su seguro "morirás" en su pervertida cita: "porque no muráis". Esto preparó el camino para la osada contradicción de la palabra de Dios: "No moriréis". Y cree a la engañosa palabra de este vagabundo desconocido que ha difamado a su Creador, Sostenedor y Amigo. Su acto de comer la fruta prohibida prueba que confiaba más en Satanás que en Dios, condición de su corazón que, trasmitida a su descendencia, ha constituido el gran pecado de los siglos. Los pasos del hombre al caer, es decir, ver, codiciar, tomar y esconder, forman los peldaños por los que descienden todos los pecadores (véase también Jos 7:21). "Ninguno vive para sí", y su influencia, ahora perniciosa, hizo caer a su esposo. Su pecado fue, entonces, doble, y por cierto que ella ha llevado lo peor en sus consecuencias.

4. LOS RESULTADOS DE LA CAÍDA

a. El conocimiento del pecado.

El hombre era capaz de pecar (su libre voluntad lo requería), pero no conocía el pecado antes de la caída. La experiencia de pecar le trajo el conocimiento del pecado, que es este árbol prohibido, el árbol de ciencia del bien y del mal. Este conocimiento del bien y del mal que el hombre había adquirido, fue el primer resultado de la caída (Gn 3:22).

b. Pérdida de la comunión con Dios.

Habiendo quebrantado el mandamiento divino, el hombre se sentía avergonzado en la presencia de Dios. Una comunión de esta naturaleza, no es, en verdad, comunión; la comunión con Dios se había, en realidad, perdido. Esta fue otra de las consecuencias de la caída.

c. Quedó separado de Cristo.

El hombre había vivido en Cristo, sostenido por (la fe en) la palabra de Dios. El hombre vivirá "con toda palabra (aceptándola y creyéndola) que sale de la boca de Dios" (Mt 4:4). Por lo tanto, el rechazo del hombre de la palabra de Dios, su pan de vida, significó la pérdida de la vida (eterna en Cristo) que ella hubiera proporcionado. La vida eterna de Cristo se alejó de él y él quedó separado de Cristo. "El día que de él comieres, morirás". Dios no les hizo morir en castigo de su pecado. La vida divina, eterna, que estaba dentro de ellos, automáticamente cesó por su rechazo de la única palabra que sostiene la vida. Así el hombre quedó muerto en delitos y pecados. Podemos considerar que ésta fue la más terrible de todas las consecuencias de la caída.

d. Muerto en el espíritu.

La vida de Cristo dentro de un hombre regenerado es lo que vivifica el espíritu del hombre (Ro 8:9, 16). Sin el Espíritu Santo, el espíritu del hombre está adormecido y prácticamente muerto. La separación de la vida de Cristo del hombre, por lo tanto, lo deja muerto espiritualmente.

e. Perversión de la naturaleza moral.

Esa pureza del corazón y perfección de la naturaleza moral que distinguía al hombre en el Edén, fue saturada de pecado y pervertida hacia toda tendencia de mal por efecto de la caída.

f. Daño en la inteligencia.

Su alta inteligencia y capacidad administrativa fue también dañada.

g. Sujeción a enfermedades.

Su cuerpo quedó sujeto a enfermedades y condenado a retornar al polvo de donde vino.

h. Esclavitud al pecado y a Satanás.

Por rehusar la palabra de Dios (quedando así separado de Cristo) y aceptar la de Satanás (recibiendo así la vida del mal), el hombre quedó esclavo del pecado y de Satanás (su nuevo padre, Jn 8:34, 44), pasando la dirección del mundo del hombre a Satanás.

i. Deposición de la superintendencia del huerto del Edén.

Al ser lógicamente depuesto el hombre de su posición de superintendente del huerto del Edén, fue expulsado de sus términos.

j. Condenado a duro trabajo.

Fue reducido a la necesidad de emprender dura labor, comiendo su pan con el sudor de su rostro, siendo la tierra maldecida por su causa (Gn 3:17–19).

k. Le rodeará la aflicción.

El dolor y la aflicción le rodeará todos los días de su vida.

l. Pérdida de sus vestiduras de luz.

Perdió sus vestiduras de luz y se sintió avergonzado.

5. EL DESTINO DE LA MUJER

Además de las consecuencias del pecado que compartiría con su esposo, la mujer fue triplemente maldecida: multiplicación de sus preñeces, aumento de dolor en sus alumbramientos, y sujeción al hombre (Gn 3:16).

6. LA MALDICIÓN DE LA SERPIENTE

Fue maldecida por sobre todas las bestias y animales del campo, obligándosele a andar sobre su pecho, y comer polvo todos los días de su vida. Habría perpetua guerra entre ella y el hombre; el hombre le heriría en la cabeza, y la serpiente heriría al hombre en el calcañar.

7. SEPARADOS DEL ÁRBOL DE LA VIDA

Fue un acto de misericordia que el árbol de la vida fuera preservado de su contacto, pues si hubieran comido de él hubieran alcanzado una existencia terrenal eterna en el miserable estado en que se encontraban.

8. EL RAYO DE ESPERANZA

a. Génesis 3:15 (el proto-evangelio).

En la maldición de la serpiente, Dios incluyó una bendita promesa: la simiente de la mujer heriría a la serpiente en la cabeza: un redentor que vendría y vencería a Satanás. Este es el precioso germen de la profecía sobre Cristo.

b. Su símbolo.

En la muerte del animal, para proveer a Adán y a Eva de vestidura, encontramos una hermosa figura o símbolo del derramamiento de sangre necesario para proveernos de algo que cubriera aceptablemente nuestro pecado.

Lección 4

LA EDAD ANTEDILUVIANA

Período de la Conciencia
(Palabra Clave: Conciencia)

1. CONDICIÓN DEL HOMBRE

Habiendo perdido su calidad de hijo de Dios, siendo así cortado de la vida que viene de Dios, recibiendo el veneno del pecado en su ser ("el espíritu que ahora obra en los hijos de desobediencia", Ef 2:2), y quedando sujeto al dominio de Satanás, el hombre entró a un mundo maldecido en un estado enteramente distinto del que disfrutaba en el huerto del Edén. Habiendo perdido su inocencia y pureza, de vida y de mente, vino a ser "como dioses" (en amistad con "el dios de este siglo", 2 Co 4:4), conociendo ahora el bien como el mal. No obstante perder su amistad con Dios, quedar separado de Cristo, perder su capacidad de discernimiento espiritual, ser dañado en el espíritu, cuerpo y alma, todavía retiene su libre voluntad y puede elegir el bien o el mal. Por lo tanto, siempre es responsable ante Dios por su elección y su conducta.

2. EL PACTO CON ADÁN

a. El lado divino: un Redentor.

En el Edén, puesto que no había pecado antes de la caída, no había necesidad de ofrendas por el pecado ni de un Redentor; fue después de la caída que ello se hizo necesario. Misericordiosamente, desde el instante mismo de la introducción del pecado en la tierra, Dios proveyó una perfecta expiación por el pecado, y un medio por el cual el hombre podía volver a la pureza de vida y a la comunión con Él que había perdido por la caída (1 Jn 1:3, 7). Liberación de la muerte y restitución de la regencia sobre la tierra estaban incluidas en esta provisión que Dios hacía (1 Co 15:26; Mt 5:5; Ap 5:10). Este medio era "El Cordero, el cual fue muerto desde el principio del mundo" (Ap 13:8). Una ofrenda por el pecado "está a la puerta" (Gn 4:7).

b. El lado del hombre: la fe.

El método divinamente ordenado para expresar el deseo de volver a la comunión con Dios por medio del Redentor que Él había provisto, fue el derramamiento de sangre de una ofrenda aceptable (Gn 3:21; 4:3, 4). "Por la fe Abel ofreció a Dios mayor sacrificio que Caín" (Heb 11:4). "La fe es por el oír, y el oír por la palabra de Dios" (Ro 10:17). Esto significa que Abel oyó la palabra de Dios (Gn 3:15), y, sin duda, su explicación de parte de su padre Adán; creyó a la palabra y expresó o probó su fe ofreciendo un sacrificio de sangre como una figura del gran Cordero de Dios que quita el pecado del mundo (Jn 1:29). La primera familia entendió esto claramente; y Set, Enoc, Noé y otros de este linaje santo guardaron vivo el testimonio a través de toda la edad antediluviana (Heb 11:4–7).

3. DOS ACTITUDES FRENTE A LA PROVISIÓN DIVINA

a. La correcta.

Arrepentimiento por el pecado, un retorno a Dios, y fe y obediencia a Dios es lo que muestra Abel, el segundo hijo de Adán, con su presentación de un sacrificio de sangre (Gn 4:4; Heb 11:4).

b. La incorrecta.

Aunque Caín también presentó a Dios una ofrenda, lo que prueba que el sentimiento religioso es instintivo en todo hombre, ignoró al Redentor, a Jesucristo, y el medio divino que es la sangre, y presentó sus propias obras, el fruto de sus manos.

c. El contraste.

"Desde los principios mismos, comenzó la división histórica de la humanidad, como una raza que adora, en dos clases totalmente opuestas: la evangélica y la racionalista, la penitente y la impenitente, la creyente y la que se justifica a sí misma, la trinitaria y la unitaria, la clase que tiene el testimonio de que son hijos de Dios por la regeneración y la clase que se llama a sí misma hijos de Dios, pero que todavía pertenecen a "aquel inicuo" (Stevens).

4. EL LINAJE DE LOS IMPÍOS Y SU CIVILIZACIÓN

a. Caín.

Caín fue el primero que construyó una ciudad, y el primero en glorificar el nombre del hombre (Gn 4:17). Fue el fundador y padre de la civilización. "Su progenie pronto desarrolló los recursos, los servicios, las artes y los adelantos estéticos de la civilización. No presenta el cuadro tedioso de una evolución de la barbarie, sino de un inmediato e intuitivo desarrollo hacia los más altos tipos de civilización.

b. Jubal y Tubal-Caín.

"Jubal fue el inventor de los instrumentos musicales. Nos basta con mirar a nuestro alrededor para ver cómo Satanás ha pervertido la música de modo que tiende a insensibilizar los sentidos del hombre y privarle de la meditación y contemplación de Dios". "Tubal-Caín fue un artífice en metal y hierro. Posiblemente, fue el primer hombre que fabricó armas con estos metales. Leemos en Gn 6:13 que la tierra estaba llena de violencia. Esto, evidentemente, indica que había una salvaje orgía de muertes y obras malas en esos días" (Pember). Con Caín y Lamec como padres asesinos, no podía esperarse otra cosa.

c. Los cainitas.

"Los cainitas, con la inquietud propia de los que están alejados de Dios, siempre estaban procurando hacer de su tierra un lugar agradable donde vivir, de reproducir artificialmente el paraíso, en vez de añorar el verdadero Edén; trataban por todos los medios de paliar la maldición, en vez de seguir pacientemente los consejos divinos para verse libre de ella" (Pember).

5. EL LINAJE SANTO Y SU FE

a. Setitas.

"Pero cuando pasamos a la posteridad de Set, la escena cambia. Ya no encontramos actos de lucha, o violencia, ni envidias u obras licenciosas. Nuestros oídos ya no perciben el mugir del ganado, los acordes de suave música para adormecer conciencias turbadas, el martilleo del yunque, los alardes de los jactanciosos y vanidosos, y toda la barahúnda que surge de un mundo que vive sin Dios y que procura sobreponerse a su maldición. Vemos aquí a un pueblo pobre y afligido, que labra la tierra con sacrificios para procurarse su pan según el mandato divino, que espera pacientemente hasta que Dios tenga misericordia de ellos, y que humildemente reconocen lo justo del castigo que pesa sobre ellos. No tienen participación en la historia del mundo; ésta está hecha por los cainitas. Como extranjeros y peregrinos en la tierra, se abstienen de los apetitos carnales, no edifican ciudades, no inventan ningún arte, no buscan diversiones; sólo buscan una mejor patria, la celestial" (Pember).

No amontonan para sí tesoros en la tierra. Se han apartado del mundo. Se conforman con su alimento y su vestido. Al no codiciar riquezas, se evitan caer en "tentación, y lazo y en muchas codicias locas y engañosas que hunden a los hombres en perdición y muerte" (1 Ti 6:9). En los días de Enós, hijo de Set, la distinción entre estos dos linajes era tan marcada que los creyentes principiaron a llamarse a sí mismos por el nombre del Señor (Gn 4:26; compárese Hch 11:26).

b. Enoc.

Que era posible volver a la comunión con Dios y a la pureza de vida, lo probó manifiestamente Enoc, el séptimo hombre desde Adán. "Caminó, pues, Enoc con Dios, y desapareció, porque le llevó Dios" (Gn 5:24). "Y antes que fuese traspuesto, tuvo testimonio de haber agradado a Dios. Empero sin fe es imposible agradar a Dios" (Heb 11:5, 6). Fe en el poder restaurador y transformador del Redentor, la simiente de la mujer, dio a Enoc esa comunión con Dios que lo calificó para ser trasladado. Él es, al mismo tiempo, tanto ejemplo como condenación para todos los que tienen el amor y poder del mismo Redentor a su disposición. Enoc nos da un aspecto del período eclesiástico, que fue también una notable característica de su propio tiempo, es decir, una grande impiedad, que hizo que Dios interviniera con un rápido juicio (Jud 14, 15).

c. Noé.

Noé también fue "un varón justo, perfecto fue en sus generaciones", que "con temor aparejó el arca en que su casa se salvase: por la cual fe condenó al mundo, y fue hecho heredero de la justicia que es por la fe". Él es otro magnífico ejemplo de la poderosa gracia de Cristo, que ya entonces obraba y que está siempre a disposición del creyente.

6. DESAPARICIÓN DE LA BARRERA DE DISTINCIÓN ENTRE LOS DOS LINAJES

"Y aconteció que, cuando comenzaron los hombres a multiplicarse...viendo los hijos de Dios que las hijas de los hombres eran hermosas, tomáronse mujeres escogiendo entre todas". Esto no podemos entenderlo de otro modo sino que los hijos de Set se casaron con descendientes de Caín, y que por unirse con los infieles rompieron la barrera que distinguía a los hijos de Dios de los cainitas. Tan tremenda y completa fue la apostasía, que sólo Noé y su familia, ocho almas, permanecieron fieles a Jehová.

7. LA CULMINACIÓN DEL PECADO Y EL JUICIO DE DIOS

a. La culminación.

Heredar malas inclinaciones de antepasados impíos, practicar sin restricción la iniquidad siglo tras siglo, aprender la iniquidad de generaciones precedentes, y después recibir nuevas y frescas fuerzas físicas y mentales del linaje de Set, usándolas para aumentar la iniquidad, hizo que el pueblo de esta civilización antediluviana se tornara tan corrompido y violento que se desbordó la copa de su impiedad. Después de 120 años más de probación, el juicio les cayó.

b. El juicio.

"Y arrepintióse Jehová de haber hecho hombre en la tierra, y pesole en su corazón. Y dijo Jehová: Raeré los hombres que he criado de sobre la faz de la tierra, desde el hombre hasta la bestia" (Gn 6:6, 7). Librando a Noé y a su familia, que fueron los únicos considerados dignos de seguir viviendo sobre la tierra, Jehová destruyó completamente a todas las gentes por medio de un poderoso diluvio que duró un año y diez días. Por 1.656 años los hombres habían estado aumentando en número sobre la tierra, y también en adelantos materiales y en iniquidad, para después ser reducido a nada. Vale la pena andar humildemente en los caminos del Señor.

Lección 5

LA EDAD POSTDILUVIANA

Período del Gobierno Humano
(Palabra Clave: Gobierno Humano)

1. HERENCIA DEL HOMBRE AL PRINCIPIO DE ESTA EDAD

El padre de esta edad postdiluviana y del presente mundo, fue Noé. Aunque pertenecía a la décima generación desde Adán, sin embargo nació sólo catorce años después de la muerte de Set, el piadoso hijo de Adán. Durante estas ocho generaciones, pues, y en los 350 años que vivió entre los hombres después del diluvio, Noé fue un hombre perfecto, un hombre justo que anduvo con Dios y fue hecho heredero de la justicia que es por la fe (Gn 6:9; Heb 11:7). El nuevo mundo, por lo tanto, tuvo un padre piadoso. Noé y Matusalén fueron contemporáneos por 600 años antes del diluvio, y Matusalén a su vez tenía 243 años a la muerte de Adán. Así, directa o indirectamente por su abuelo, Noé supo todo lo acontecido a través de la edad antediluviana y aun hasta la edénica, transfiriéndose de este modo todo lo del antiguo mundo al nuevo.

2. ESTÍMULOS PARA UNA VIDA SANTA

Este nuevo mundo fue poblado sólo por los hijos de este hombre justo. Por 350 años caminaron en la presencia y bajo la influencia de este hombre santo, "un predicador de la santidad", quien, además de su justicia personal y de su comunión con Dios había sido testigo del gran juicio de Dios sobre el mundo impío que acababa de perecer, y que podía usar este hecho como una constante advertencia a su descendencia. Sus hijos inmediatos también fueron hallados dignos de librarse del diluvio, y fueron también testigos de este juicio. También ellos, entonces, trajeron una recta influencia sobre su posteridad, que formó la raza postdiluviana. De manera que había grandes estímulos para una vida santa en este nuevo mundo.

3. EL PACTO CON NOÉ

a. El lado divino.

Al aproximarse Noé a Dios correctamente por el medio indicado (Gn 8:20), Dios se le acercó con su nuevo pacto con el hombre. La primera cláusula proveía tres cosas: (a) la promesa de Dios de no maldecir más la tierra; (b) no volver a destruir todo ser viviente como lo había hecho en el diluvio; (c) todavía serían todos los tiempos de la tierra: la sementera y la siega, el frío y el calor, el verano y el invierno, el día y la noche (Gn 8:21–22). Como una señal de que no volvería a destruir la tierra con agua, puso en el cielo el arco iris. Hubo dos cambios en la naturaleza: (a) el temor y pavor del hombre sería sobre todo animal de la tierra, permitiendo al hombre dominarlos; y (b) además de los vegetales, se da al hombre la carne de los animales para comer, con la sola excepción de no comer la sangre.

El sexto aspecto del lado divino del pacto con Noé fue el establecimiento del gobierno humano. En la edad antediluviana no había gobierno humano. Todo hombre podía aceptar o rechazar el método divino; y, al rehusar el método divino, no sufrir ninguna restricción humana al pecado. El primer asesino, Caín, fue protegido por Dios para que no experimentara ninguna venganza (Gn 4:15). Otros asesinos, como Lamec, por ejemplo, también tuvieron esta protección (Gn 4:23, 24). Y así, aprovechándose del amor y de la gracia de Dios, el hombre pasó sus años de prueba en la tierra en completo abandono al pecado, en todas sus formas y en todos sus grados. Después del diluvio, el método divino, el único camino hacia la vida eterna, todavía estaba abierto para el hombre, y todavía eran libres para aceptarlo o rechazarlo. Pero si rechazaban el método del Redentor y eran desobedientes a las leyes divinas, no eran más libres para pecar como quisieran, sin que hubiera un castigo terrenal inmediato, porque Dios dispuso ahora, y puso en operación, un gobierno humano que pediría estricta cuenta al hombre de sus actos. "El que derramare sangre del hombre, por el hombre su sangre será derramada". La pena capital es la más alta función del gobierno humano, y cuando Dios puso sobre el hombre esta responsabilidad judicial, le dio conjuntamente todo otro poder de gobierno. El gobierno humano, incluyendo la prerrogativa de imponer la pena capital, fue instituido e impuesto por Dios mismo contra todo aquel que le desobedeciera (Ro 13:1–7; 1 Ti 1:8–10). Investir al hombre con esta autoridad y responsabilidad, fue otro de los aspectos del pacto de Dios con el hombre después del diluvio.

b. El lado humano.

El único y específico mandamiento incluido en este pacto, fue repetido dos veces (Gn 9:1, 7): Fructificar, multiplicar y henchir la tierra.

c. Comparación con el pacto con Adán

La diferencia entre este pacto con el de la edad precedente, la encontramos en el mayor control que el hombre tiene sobre los animales de la creación, el aumento de su dieta, la promesa de Dios de no destruir más a toda carne, el mayor control de los pecadores, la institución del gobierno humano con la prerrogativa de la pena capital. Las primeras son una demostración de la mayor gracia que Dios demuestra al hombre, y la última es la aproximación del juicio. Todas ellas son un esfuerzo de Dios para persuadir al hombre a que acepte voluntariamente el método divino, para librarse del juicio y entrar en la plenitud de la gracia. Por cierto que pecar ahora contra una mayor revelación de la gracia, y estando más cercano, por lo mismo, el juicio, significaba un mayor castigo y una mayor desgracia al final.

d. Su duración.

Es interesante observar que Dios no ha dado desde Noé a ningún representante de la raza humana un nuevo pacto para todos los hombres. Por lo tanto, desde los días de Noé y hasta que Dios no dé nuevas leyes a toda la humanidad, el pacto con él está en vigencia. El gobierno universal de Cristo en el milenio traerá un nuevo pacto que reemplazará al de Noé.

e. Destellos de profecía.

Aunque Dios prometió no destruir la tierra nunca más por medio de agua, da un claro indicio de que su impiedad lo merecería (Gn 8:21). En la restricción que se hace acerca de no comer sangre, se muestra lo sagrado de la sangre, y prefigura ya la redención que habría por medio de ella. Al indicar que la bendición se encuentra en las tiendas de Sem (Gn 9:27), señala el linaje del cual vendría la "simiente de la mujer".

4. EL LINAJE SANTO

Nuevamente encontramos a los que se adhieren con fidelidad al pacto de sangre, y que caminan humildemente con su Dios. Como se indicara, éstos son descendientes de Sem. Se mencionan nuevamente diez generaciones (Gn 11:10–26) que llevan hasta Abraham, cuya vida marcaría otra crisis en la historia humana.

5. EL FRACASO

La predicción de Dios de un retorno de la impiedad sobre la tierra, pronto se convirtió en realidad. El perverso corazón del hombre no sólo rechazó el pacto de sangre, sino que deliberadamente desobedeció el específico mandamiento dado en el pacto con Noé. Se dedicaron a construir ciudades y congregarse, en vez de extenderse como Dios les ordenara. Nimrod, nieto de Cam por la línea de Cus, "comenzó a ser poderoso en la tierra". "Fue la cabeza de su reino Babel", añadiéndole después siete ciudades más (Gn 10:10, 11). El gobierno humano fue una institución divina, pero la edificación de imperios fue y es un plan diabólico para unir al mundo contra el Señor Jesucristo (véase Ap 16:14; 19:19). Ya entonces se propusieron hacer un plan para *no* ser esparcidos por la tierra (Gn 11:4), y para hacerse un nombre para *sí mismos* (véase Gn 4:17).

6. EL JUICIO

Nuevamente la Trinidad (véase Gn 3:22; 6:7) determina el juicio (Gn 11:5–7). La confusión de las lenguas en Babel no fue estrictamente un juicio, sino un medio que Dios empleó para impelirles a dispersarse sobre la tierra. Por cierto que se les detuvo en su pecado y en sus pretenciosas ambiciones, pero pleno juicio en el mundo postdiluviano no se encontrará hasta la gran tribulación que se aproxima. Hasta se puede considerar esta diversificación de las lenguas aquí introducida, que les confundió, como una enmienda o apéndice al pacto con Noé, trayendo una nueva condición bajo la cual el hombre viviría en todo este período. Podemos notar que las diversas lenguas no vinieron por la dispersión de las familias, ni como resultado de un proceso de evolución. "Era entonces toda la tierra de una lengua y unas mismas palabras", pero de súbito, por intervención divina, se crearon las lenguas que oímos ahora en el mundo (véase el don de lenguas y la visitación pentecostal). Además, siendo que las muchas lenguas fueron puestas como juicio y restricción al pecado, podemos inferir que cuando todos acepten a Cristo como el que llevó sobre sí el juicio por el pecado, y éste sea vencido, habrá nuevamente una sola lengua en toda la tierra (Sof 3:9).

7. LA CONTINUACIÓN DE ESTA EDAD

La dispersión ocurrió entre los años 2289 y 2060 a.C. (los días de Peleg, Gn 10:25; 11:16–19), o sea, en el período de 101 a 330 años después del diluvio. La prueba del hombre en el período postdiluviano estaba desarrollándose. Dios había manifestado una gracia mayor, y al mismo tiempo había intensificado la presión para que el hombre hiciera la voluntad divina, sin despojar por ello al hombre de su libre albedrío. Ahora quedaba por verse si el hombre se inclinaba a Dios o cometía el mayor pecado de rechazar su gracia y desafiar sus leyes. Nuevamente aconteció que sólo unos pocos escogieron servir y obedecer a Dios y creer en su promesa de un Redentor. Como ejemplo de éstos, tenemos el linaje santo, los antepasados de Abraham, y Job en la tierra de Uz. Pero por otro lado, al llegar a la vida de Abraham, tenemos a los que tenían el espíritu de Caín sobreponiéndose a la desventaja de la diversidad de lenguas, y uniéndose otra vez en alianzas y edificándose un imperio (véase a Tidal, rey de naciones, y a Amrafel, rey de Sinar [Babilonia], Gn 14:9). El Señor permitirá que estos constructores de imperios continúen hasta el fin (véase Dn 2 y 7) y culminen con el anticristo. Será en sus días como en los días de Noé, y Dios enviará nuevamente un diluvio de su ira para destruir a los impíos de todo el mundo. Esto marcará el fin de la edad postdiluviana.

La edad postdiluviana 41

Lección 6

EL PERÍODO PATRIARCAL

(Palabra Clave: Promesa)

1. EL PUNTO DE PARTIDA

Estando la edad postdiluviana en pleno desarrollo, y el hombre no regenerado bajo prueba en el pacto con Noé, Dios se dedica ahora a desarrollar otros de sus grandes propósitos por medio de una serie de sub-períodos: el patriarcal, el israelita y el eclesiástico. El primero de éstos principió con el llamamiento a Abraham en el año 1963 a.C., o sea, 427 después de haber principiado la edad postdiluviana (después del diluvio), y el último terminará junto con ella a la segunda venida de Cristo.

Como ya hemos visto, la tierra de Sinar era otra vez el centro de la desobediencia al pacto de Dios con Noé. El espíritu de pecado se había desarrollado tanto que el linaje santo de Sem estaba en peligro, pues, aunque todavía creían en Dios (Gn 31:53), habían caído en la idolatría (Jos 24:2). El décimo en esta línea desde Noé (como Noé era el décimo desde Adán), fue Abraham, el hijo de Taré. Su hogar estaba en Ur de los caldeos, el centro de la civilización de Nimrod, y fue de este medio idólatra y desobediente que Abraham fue llamado para entrar en un pacto con Dios. Estando todavía en Mesopotamia y antes que su padre se fuera a Harán, Abraham recibió el llamamiento divino para que se fuera de su tierra y de su parentela, y de la casa de su padre, a la tierra que Él le mostraría (Hch 7:2–4). Taré, su padre, y Lot, su sobrino, se fueron con Abraham y Sara hasta Harán y allí moraron hasta la muerte de Taré (Gn 11:31, 32). Fue aquí donde tuvo lugar el primer pacto con Abraham de que tenemos noticia (Gn 12:1–3). Obedeciendo a este pacto, Abraham y Sara se dirigieron a la tierra de Canaán, acompañados por Lot (Gn 12:4, 5). Los 430 años de este período (Gá 3:17; Éx 12:40) datan desde el tiempo cuando Abraham, en obediencia a la voluntad divina, empezó a morar en la tierra de Canaán, como peregrino y extranjero (Heb 11:9, 13; Éx 12:40).

2. EL SOLEMNE PACTO CON ABRAHAM

a. Cómo fue dado.

Todo el período patriarcal fue la época en que Dios dio a Abraham las varias partes de este pacto, y los años en que él y las generaciones que le siguieron vivieron exclusivamente con Él. Además del llamamiento original en Ur, el Señor se le apareció a Abraham seis veces: Gn 12:1–3, 7; 13:14–17; 15:1–21; 17:1–21; 18:1–33; ó 22:1–18. El pacto así revelado y confirmado entre Dios y Abraham fue confirmado también a Isaac (Gn 26:2–5), a Jacob (Gn 28:13–15) y a Moisés para todo Israel (Éx 6:1–9).

b. El lado divino.

Tomando el pacto como un todo, vemos que Dios se obliga a sí mismo a lo siguiente:
(1) Por toda la vida de Abraham:
    (a) a bendecirle (Gn 12:2),
    (b) hacerle una bendición para los demás (Gn 12:3),
    (c) a bendecir a los que le bendicen (Gn 12:3),
    (d) a maldecir a los que le maldicen (Gn 12:3),
    (e) darle la tierra de Canaán (Gn 13:15),
    (f) protegerle y ser su galardón (Gn 15:1),
    (g) ser su Dios (Gn 17:7).
(2) Por el futuro de Abraham:
    (a) hacer grande su nombre (Gn 12:2),
    (b) multiplicar su simiente, haciéndola tan numerosa como la arena de la mar; sus hijos espirituales serán como las estrellas (Gn 13:16; 15:5; véase también Ro 4:16),

(c) hacerlo padre de una grande y poderosa nación; que saldrían aún reyes de él (Gn 12:2; 18:18; 17:6),

(d) hacerlo padre de muchas naciones (Gn 17:4),

(e) hacerlo una bendición para todas las familias y naciones de la tierra (Gn 12:2, 3; 18:18),

(3) Por su simiente después de él, por los hijos de Abraham y Sara (Gn 15:4; 17:19).

(a) darles la tierra de Canaán desde el Nilo hasta el Eufrates en posesión eterna (Gn 12:7; 13:14; 15:18–21; 17:8),

(b) Jehová sería su Dios (Gn 17:8),

(c) poseerán las puertas de sus enemigos (Gn 22:17).

(d) en ellos serán benditas todas las naciones de la tierra (Gn 22:18). (Dentro de este punto se esconde la promesa que la simiente [no simientes] de Abraham sería "la simiente de la mujer"; Gá 3:16.)

(e) serían afligidos en una tierra extranjera, y después de 400 años castigaría a sus opresores, sacándolos con grande prosperidad (Gn 15:13, 14).

(4) Ismael, también, llegaría a ser una gran nación (Gn 17:20).

c. El lado humano.

El pacto con Abraham fue esencialmente un pacto de gracia (Ro 4:1–4), y las obligaciones que el pacto impuso a Abraham no eran "obras" por las cuales mereciera las benditas promesas que este pacto encerraba, sino simplemente los actos por medio de los cuales expresaba y probaba su fe en las promesas divinas (Ro 4:2, 3; Stg 2:22, 23).

(1) El primero de estos actos fue la salida de Ur y Harán (Gn 12:1). Su salida significaba confiar en las bendiciones futuras.

(2) Otro, fue morar en la tierra de Canaán (Gn 12:1; véase también Gn 26:2). Desobedeció al principio, temiendo el hambre y desconfiando de la promesa divina. Fue castigado por su incredulidad y regresó a Canaán.

(3) El tercer aspecto del lado humano del contrato, fue la circuncisión de todos los varones (Gn 17:9–14). Esta era un "sello de la justicia de la fe que tuvo en la incircuncisión". Ro 4:11 es

una prueba de que él creía que su simiente llegaría a ser una nación prominente.

(4) La cuarta cosa que tuvo que hacer Abraham fue creer que Dios les daría a él y a Sara un hijo, aunque ambos habían pasado la edad para ello (Gn 17:15–17). Su fe en este punto —vida de los muertos— es que le hace padre y ejemplo de los que creen en la resurrección de Cristo de los muertos, creyendo en la vida eterna (Ro 4:19–24; Ro 10:9).

(5) El quinto acto fue su obediencia a la orden de sacrificar a su hijo Isaac (Gn 22:1–2). Esta fue la suprema prueba de la fe. Abraham creyó "que aun de los muertos es Dios poderoso para levantar" (Heb 11:17–19) y probó su fe por su obediencia. Esta fue una repetición de la prueba anterior de su fe, y fue una evidencia concluyente para Dios ("ya conozco que temes a Dios", Gn 22:12) y para el mundo de que Abraham temía a Dios y creía en la resurrección de los muertos.

Abraham llenó todos los requisitos satisfactoriamente, cumpliendo el lado humano del pacto. Por lo mismo, resulta evidente que las grandes promesas de Dios contenidas en este pacto se cumplirán fiel y totalmente.

3. EL PROPÓSITO DE DIOS AL LLAMAR A ABRAHAM

Abraham no fue el primero ni el único hombre que alcanzó tan alto nivel de fe y comunión con Dios. Abel, Enoc y Noé le precedieron en esta ilustre línea de los gigantes de la fe (Heb 11:4–7). El motivo del especial llamamiento de Abraham, y del relato detallado de sus experiencias de fe en Dios, yace en el hecho de que era postdiluviano (Noé había vivido en dos períodos, por lo que no podía representar bien a los postdiluvianos), y vivió casi al principio de esta nueva era. Dios quería registrar las experiencias de fe de algún piadoso creyente del principio de esta edad, para que estos relatos pudieran servir para siempre como una revelación del carácter divino de la manera de acercarse al Dios inmutable. Dios también quería levantar a una nación en esta edad postdiluviana para usarla como un ejemplo y como conducto de sus bendiciones al mundo.

a. Para hacerlo un modelo de fe.

Podemos considerar que el propósito de Dios al dar a Abraham a este período (el postdiluviano), como se dice claramente en las Escrituras (Ro 4:23, 24), fue el de que fuera un modelo de fe y aliento para los demás, una invitación a todos los que vinieran después de él para que anduvieran en los caminos de la fe. Dios se reveló personalmente a Abraham y a sus predecesores en la fe; pero ahora quiere dejar un relato inspirador de sus revelaciones y trato con Abraham, para que todos los postdiluvianos supieran cómo agradarle. Abraham llegaría a ser el padre (espiritual) de todos los fieles o creyentes. Tenía fe antes de llegar a ser un judío circuncidado (Ro 4:11); por lo tanto, cualquier hombre de cualquier nación que quisiera seguir en los pasos de su padre (en la fe), era una simiente espiritual de Abraham (Ro 4:12, 16, 17; 2:28, 29; Gá 3:6, 7, 9). El camino de la fe siempre ha sido en único camino a Dios para la vida eterna (Gá 3:11; Ef 2:8; Hch 4:12). En los principios mismos de nuestra era, Dios usó a Abraham como un ejemplo, dándonos detalles de su vida para mostrarnos y hacernos claro el camino de la fe. Según esto, veremos que el pacto con Abraham fue una explicación y ampliación del pacto con Adán en beneficio de los postdiluvianos.

Con relación a esto mismo, es inspirador comparar los pasos de la fe por medio de los cuales Abraham llegó a ser el "amigo de Dios", con los pasos por medio de los cuales cualquier hombre puede tener paz para con Dios:

(1) El abandono y separación de su antiguo hogar y de sus amistades, corresponde a la separación del mundo y de las amistades antiguas, lo que constituye el primer paso para los que desean ser cristianos.

(2) Permanecer en la tierra de Canaán, significa vivir en esta vida como peregrinos, creyendo la promesa divina que los mansos heredarán la tierra, sin descender a Egipto (el mundo).

(3) La circuncisión representa el despojamiento de los pecados de la carne (Col 2:11; Ro 2:28, 29).

(4) Creer en el nacimiento de Isaac, siendo que sus cuerpos estaban comparativamente muertos, corresponde a nuestro creer

en el nacimiento de Cristo dentro de nuestros corazones, que antes eran impuros.

(5) Confiar en Dios para la resurrección de Isaac, representa nuestra fe que "Dios le levantó de los muertos" (Ro 10:9).

b. Para hacerlo padre de Israel.

El más evidente propósito que se observa en el llamamiento que Dios hizo a Abraham es para hacerlo padre de la nación judía. Sus fines aquí son varios:

(1) El pacto con Adán prometía herir a la serpiente en la cabeza por medio de la simiente de la mujer. Esta fue la promesa de un Redentor que destruiría el poder de Satanás. El pacto con Abraham no sólo fue un estímulo para los postdiluvianos para creer en esta promesa, sino también fue un paso de parte de Dios hacia su cumplimiento y para tornar en realidad esta profecía. La promesa de la "simiente de la mujer" se revelaba ahora ser la simiente de Abraham (Gá 3:16); es decir, el Redentor vendría a través de los descendientes de Abraham según la carne. Él redimiría a todo el mundo por cierto, y su venida a través de los descendientes de Abraham según la carne. El redimiría a todo el mundo por cierto, y su venida a través de Abraham era sólo un medio para alcanzar el fin, y ese fin eran todos los hombres. La promesa hecha aquí era para aclarar más la primera promesa (Gn 3:15), de manera que la "simiente" fuera reconocida cuando viniera.

(2) El asunto más importante en perspectiva era, por cierto, el levantamiento de una nación que perteneciera y sirviera peculiarmente a Jehová. El propósito de Dios para con la nación israelita lo veremos en nuestro estudio de ese período y el pacto con Moisés. Bástenos aquí con decir —lo que revela el pacto con Abraham— que el propósito fundamental de Dios al levantar a la nación judía fue hacerla una bendición para todas las demás naciones de la tierra. El trato de Dios con ellos no era como un favoritismo a una nación, sino solamente formar un pueblo para usarlo como conducto de bendiciones para todas las "familias de la tierra". Dios los usó tanto como fue po-

sible (hasta los días de Malaquías), y los usará otra vez para bendiciones universales en el milenio.

(3) Además, observamos que debido a que la bendición espiritual vendría a través de la "simiente", y a su vez por medio de los judíos, el Redentor y los judíos estarán íntimamente unidos en el servicio universal. Esto se realizará en el milenio.

c. Para señalar la "tierra santa".

Un tercer propósito de Dios al llamar a Abraham fue el de trazar los límites de la tierra que serviría como hogar terrenal al Mesías y al pueblo del Mesías, la "tierra santa" de la tierra. Por algunos pasajes de las Escrituras se entiende que la "tierra santa" limita al sur con el río Nilo, en Egipto; al oeste con el Mar Mediterráneo; al norte con el río Eufrates; y al este con las aguas del Golfo Pérsico y el Océano Indico (Gn 15:18; 26:3, 4; Éx 23:31; Dt 11:24; Ez 47:18; Gn 2:8–14; Éx 15:17; Is 51:3). Este territorio nunca ha sido totalmente ocupado por los judíos y espera serlo en el milenio.

Pero esta "tierra santa" deberá servir también como medio de bendición al mundo entero, porque este pequeño continente no será sino sólo la santa sede desde donde el amor y la luz de Dios fluirán hasta las últimas partes de la tierra.

4. CARACTERÍSTICAS ESPECIALES Y FIN DE ESTE PERÍODO

Como ya hemos dicho, este período marca una reducida época de 430 años dentro de un más grande período, de alrededor de 4.000 años. Su naturaleza también es distinta con relación a los períodos anteriores. El pacto con Adán ofreció dos cursos de acción para los antediluvianos: fe o incredulidad; de ahí la prueba de todos y los dos linajes resultantes. El pacto con Noé, en el específico mandato dado a los hombres, también proveyó dos posibles pasos a seguir para los postdiluvianos: obediencia y desobediencia. Aquí hubo otra vez una oportunidad para que la humanidad se dividiera, y se castigara a la parte impía. Pero el pacto con Abraham, después de la prueba y de la victoria de la fe de este siervo de Dios, era absolutamente incondicional. Por eso, después de aproximadamente cincuenta años de prueba de la fe de Abraham, no hubo período de prueba en este período.

Por esta misma razón, la última parte de los conocidos aspectos del período mencionado en la página 21, no la encontramos en el período patriarcal. Ni tampoco se considera que los años de esclavitud que los israelitas pasaron en Egipto, fueron años de castigo o juicio divino, porque la única sugerencia que se hace en cuanto a los motivos de esta esclavitud, es que "aun no está cumplida la maldad del amorreo hasta aquí" (Gn 15:16), pueblo al cual los israelitas debían destruir en Canaán. Y éste no fue el término de este período, porque la liberación se efectuó dentro de esta edad.

Puede ser que el Señor estuviera dando al mundo con este período un cuadro de lo que significaría, y cuál sería el resultado, de la vida cristiana en medio de este mundo impío. Abel fue una figura de ello, y aquí tenemos un período como modelo. La vida de Cristo es otro ejemplo, y la suerte que correrán los verdaderos creyentes al fin de este período eclesiástico será una prueba más. La piedad en la tierra trae opresión, persecución y, posiblemente, martirio.

El fin del período patriarcal puede ser tomado como una figura de la vida cristiana al final de la edad postdiluviana, como la antediluviana es una figura de la vida no regenerada antes de que Cristo viniera (Lc 17:26).

Lección 7

EL PERÍODO ISRAELITA

(Palabra Clave: Ley)

1. RESEÑA DE LOS PACTOS

a. El pacto edénico.

El pacto edénico, desde el lado divino, concedió al hombre plena capacidad administrativa y completa autoridad para gobernar; y, desde el lado humano, obligó al hombre a henchir la tierra, comer sólo frutas y hierbas, cuidar el huerto y no comer del árbol de ciencia del bien y del mal. En estricto sentido, éste fue un pacto de "obras" (Ro 11:6), quedando condicionadas las bendiciones divinas a la obediencia del hombre. Pero Adán y Eva (que por entonces eran los únicos habitantes de toda la tierra), no cumplieron su parte del contrato, y así cesó automáticamente, la obligación que Dios se había impuesto a sí mismo con respecto al hombre, quedando el pacto, por lo tanto, nulo. Sin embargo, debido a la vida inmaculada del segundo Adán (Jesús), Dios considerará como cumplida la parte humana de este pacto, y dará entonces a este Hombre la suprema autoridad para gobernar. "Él reinará".

b. El pacto con Adán.

En el pacto con Adán, Dios prometió que la simiente de la mujer heriría a Satanás en la cabeza, aunque por su parte Satanás le heriría en el calcañar. El único deber del hombre en este pacto era sólo creer y expresar su fe por medio de sacrificios de sangre. Este era ya entonces un pacto de gracia, necesitándose sólo la fe del hombre para sellarlo y confirmarlo. Abel y otros lo aceptaron y creyeron, por lo que el lado divino se cumplirá con fidelidad. En favor de todos los creyentes desde Abel, Dios herirá a Satanás en la cabeza y lo pondrá bajo nuestros pies, en la segunda venida de Cristo, después que Satanás le hiriera en el calcañar en el Calvario.

c. El pacto con Noé.

El pacto con Noé se relaciona especialmente con el hombre no regenerado; y puesto que el hombre, aunque bajo compulsión, ha cumplido su parte (esparcirse y henchir la tierra), Dios ha recordado y recordará la suya. Las cinco grandes estipulaciones del lado divino de este pacto —es decir, no maldecir más la tierra, continuación de las estaciones del año, no destruir más a todo ser viviente, poner el temor del hombre sobre los animales, y aumentar la dieta del hombre al concederle permiso para comer carne— serán todas absorbidas por grandes demostraciones de la gracia divina en el milenio. Continuará el gobierno humano con el gran Hombre y sus redimidos a la cabeza.

d. El pacto con Abraham.

El lado humano de este pacto con Abraham fue cumplido por este siervo de Dios, de modo que las estipulaciones de este pacto, por el lado divino, o ya se han cumplido o están por cumplirse. Se cumplieron todas las promesas correspondientes al período de su vida. Su simiente también llegó a ser una grande y poderosa nación, y fueron afligidos en tierra extraña. Dios castigó a sus opresores y los sacó de entre ellos con grande abundancia. Todo ello fue hecho por gracia, en cumplimiento de las promesas hechas a Abraham. Todavía falta por verse que Jehová se revele como su Dios, que posean las puertas de sus enemigos, que disfrutan de la tierra de Canaán como una posesión eterna, y que todas las familias de la tierra sean bendecidas por medio de ellos. Fue para apresurar el cumplimiento de lo que falta del pacto con Abraham, que se dio el pacto con Moisés en el Sinaí.

2. EL PACTO CON MOISÉS

a. Para los hijos de Abraham.

En primer lugar, debemos advertir que en este plan especial Dios estaba tratando con ellos no como hijos de Abraham, sino más bien y solamente como "la casa de Jacob...los hijos de Israel" (Éx 19:3). Recordaremos que Abraham tuvo dos líneas de descendientes: (1) los seguidores "de la fe que tuvo en la incircuncisión" (Ro 4:11, 12); y (2) los hijos carnales que guardaron el pacto de la circuncisión (Gn 17:1–14). A estos últimos fue que se prometió la tierra de Canaán, y fue para ellos, los circuncidados hijos de Abraham que descendieron de Jacob, que se hizo el pacto.

b. Un suplemento al pacto con Abraham.

Dios prometió bendecir a todas las naciones por medio de estos hijos carnales de Abraham; de manera que podemos confiar que el trato de Dios con ellos ahora en este nuevo pacto será en sí mismo un adelanto hacia el cumplimiento de la promesa hecha a Abraham. El pacto con Moisés sería un suplemento al pacto con Abraham, en lo siguiente:

(1) Cumpliría la promesa de Dios de revelarse a la simiente de Abraham.
(2) Ayudaría a la unidad y preservación de la nación, capacitándoles para:
    (a) poseer las puertas de sus enemigos,
    (b) poseer la tierra de Canaán.
(3) Proveería el medio por el cual fueron de bendición para todas las naciones.
(4) Detendría la transgresión en Israel.

Pero el pacto con Moisés es distinto del que Dios hizo con Abraham, tiene sus propias condiciones, y de ningún modo impedirá el cumplimiento del pacto con Abraham (Gá 3:17).

c. El lado divino.

Que Dios estaba ansioso que ellos entraran en este pacto con Él, lo demuestra el hecho de que introdujo la presentación de su plan con un argumento sobre el por qué Israel debía aceptarlo: ellos habían visto su poder cayendo en juicio sobre los egipcios y con gracia salvadora sobre ellos (Éx 19:4). Los tres propósitos de Dios con este nuevo pacto fueron: hacerlos un especial tesoro por sobre todos los pueblos, hacerlos un reino de sacerdotes, y gente santa (Éx 19:5, 6).

(1) Un especial tesoro.

La primera de estas tres promesas indica que, aunque Dios ama a todos los hombres, los israelitas serían amados de una manera especial. Debe recordarse que los individuos de todas las nacionalidades podían ser incluidos en este pacto, como en el de Abraham, si se identificasen con los judíos por el rito de la circuncisión (Éx 12:48, 49). De manera que todos podían llegar a ser "un especial tesoro", separándose de las naciones que les rodeaban y cumpliendo con las provisiones del pacto con Moisés.

(2) Un reino de sacerdotes.

La segunda promesa contiene dos aspectos: serían un sacerdocio y también un reino. Los sacerdotes interceden por otros; del mismo modo, Israel estaría delante de Dios en misericordiosa intercesión por las demás naciones. Por su parte, un reino necesita un rey, y en esta promesa Dios les asegura descender y ser su rey (Dt 33:5; 1 S 8:7). ¡Qué gran condescendencia la de Él, y qué gran privilegio para ellos!

(3) Gente santa.

Nunca se ha limpiado el pecado sino sólo por medio de la sangre: y no hay santidad por esfuerzos propios que sea digna de llevar este nombre. Por esto, su tercera promesa incluyó la aplicación de su sangre y la comunicación de su santidad.

(4) Sanidad divina.

Una cuarta promesa de Dios, que debería ser incluida en este pacto, ya había sido dada en las aguas de Mara: "Ninguna enfermedad de las que envié a los Egipcios te enviaré a ti; porque yo soy Jehová tu Sanador" (Éx 15:26).

d. El lado humano.

El lado humano de este pacto fue la obediencia: "Si diereis oído a mi voz" (v. 5).

(1) Los mandamientos.

En el capítulo siguiente (20), el rey pone los fundamentos de la "Magna Carta" del reino de sacerdotes, en forma de diez mandamientos.

(2) Los juicios.

Estos mandamientos serían interpretados y aplicados por el rey mismo como "acción judicial" o juicios, mencionados por anticipado y registrados en Éxodo 21:23.

(3) Las ordenanzas.

"Su voz" les instruye en seguida acerca del tabernáculo donde morará con ellos (Éx 25:1—31:18).

(a) Sería la morada de su rey, y Él tenía derecho a dictar su plan (Éx 25:8).

(b) Sería también una figura de las cosas celestiales (Heb 9:23), y sólo Él sabía de esas cosas celestiales (Jn 3:12).

(c) Las varias partes de este tabernáculo también simbolizarían las cosas invisibles del rey mismo, siendo así una revelación de sí mismo. Todo el libro de Levítico establece las formas de comunión entre Israel y su rey; también está lleno de figuras de las cosas celestiales, y símbolos de realidades invisibles en Cristo, el Redentor.

Estas fueron todas las ordenanzas o medios por los cuales Israel adoró a su rey.

Así los mandamientos, los juicios y las ordenanzas constituyeron "su voz", y el obedecerla constituyó el lado humano del pacto.

Lección 8

EL PERÍODO ISRAELITA

(Continuación)

3. NATURALEZA DEL PACTO DE LA LEY

El pacto con Moisés, que hemos señalado más arriba, fue llamado "la ley"; pero en ningún sentido fue un pacto de "obras", en el sentido de Ro 11:6. Nunca ha sido verdad que la salvación sea por las obras de la ley (Ro 3:20; Gá 3:11; Heb 11:6, 33). Por la parte divina del pacto, fueron hechos "santos" por la purificación que produce su sangre y por la comunicación de su justicia. Teniendo así su vida dentro de ellos, se les dieron los mandamientos para que caminaran por ellos. La ley fue el camino de vida y no el camino a la vida. Era la manera como debe vivir este "especial tesoro", "reino de sacerdotes" y "gente santa". Como tal, era una delicia para aquellos cuyos corazones habían sido tocados por Dios (1 S 10:26; Sal 1:2; 119:32, 97, 103, 127, 162, 174; Sal 19:7–11).

(a) El pacto edénico, como pacto de obras y dado sin el Redentor como base, fue roto y hecho nulo por la sola infracción de un detalle de la obligación del hombre. El pacto con Moisés fue roto innumerables veces prácticamente en todos sus aspectos por parte del hombre; sin embargo, Dios siguió fiel por su parte, probando que el pacto era de gracia y no por obras, y que estaba basado en los méritos del Redentor (véase Éx 34:6, 7; Mt 9:13; 23:23).

(b) Se derramó sangre en la dedicación de este pacto (Éx 24:5–8), señalando que su fundamento es la "gracia", y mostrándonos el sacrificio substitutivo del Cordero de Dios (Jn 1:29).

(c) El lado divino de este pacto fue cumplido antes que el hombre cumpliera con el suyo. El conservar la promesa que habían recibido dependía de su obediencia a la ley (Gá 5:25).

(d) La palabra *Redentor* se usó muchas veces en los días de la ley (Sal 19:14; 78:35; Is 41:14; 59:20; Jer 50:34), mostrando su dependencia de su sangre redentora.

(e) El Nuevo Testamento nos dice que hubo "misericordia" y "fe" en el Antiguo Pacto (Mt 9:13; 23:23; Os 6:6; Hab 2:4).

4. COMO FUE ACEPTADO Y PERVERTIDO

Es cierto que algunos aceptaron la ley como un medio de alcanzar su propia salvación, porque "los sentidos de ellos se embotaron" (2 Co 3:14). Generaciones posteriores especialmente, llegaron a considerar la ley como un código legalista, para todos los cuales por cierto la ley llegó a ser un "ministerio de condenación" y "de muerte" (2 Co 3:7, 9, 14). Pero esto no prueba que Dios lo quiso así. Nuestro evangelio mismo, hoy día, es un "olor de muerte para muerte", tanto como "de vida para vida"; y también en nuestros días "el dios de este siglo" ha cegado "los entendimientos" de algunos (2 Co 2:16; 4:4). No obstante la purificación por su sangre, el poder de su vida, y el cerco de innumerables mandamientos del Nuevo Testamento, ¿cuántos hombres de esta edad llamada de gracia no han caído en el error de los Gálatas (Gá 3:1–3) y en una religiosidad sólo aparente? (2 Ti 3:5). Los hijos de la fe de Abraham, encontraron en la ley vida y gozo, porque temían de corazón al Señor, y ahora sabían cómo caminar rectamente en sus caminos. Para los que no entendieron el pensamiento divino contenido en el pacto con Moisés, y encontraron sólo las leyes de una religión legalista, de justicia propia, Dios dijo: "Harto estoy de holocaustos de carneros...el perfume me es abominación; luna nueva y sábado, el convocar asambleas, no las puedo sufrir" (Is 1:11–15; Sal 40:6; Os 6:6; Mt 23:23).

5. PROPÓSITOS DE LA LEY
(Ro 7:9–10; 8:4; Mt 12:1–8)

a. Prohibir el pecado.

"¿Pues, de qué sirve la ley? Fue puesta por causa de las rebeliones" (Gá 3:19). El pacto hecho con Abraham determinaba que por la circuncisión su simiente heredaría la promesa. Pero abundaba la transgresión en medio de su simiente; de ahí que fuera necesario que la ley fuera "añadida" al pacto con Abraham para eliminar estas transgresiones. En consecuencia, el pacto con Moisés reforzó el hecho con Abraham al prohibir el pecado.

b. Traer el conocimiento del pecado.

Al prohibir el pecado, la ley mostró lo que era el pecado. "Porque por la ley es el conocimiento del pecado" (Ro 3:20). El pecado estaba en el mundo antes que la ley (Ro 5:13); pero donde no hay ley, tampoco hay transgresión (Ro 4:15). "Mas venido el mandamiento, el pecado revivió, y yo morí" (Ro 7:9). La ley vino para que el pecado se hiciese "sobremanera pecante por el mandamiento" (Ro 7:13), para que todos los hombres pudiesen ver la necesidad que tienen de un Salvador del pecado (Gá 3:22).

c. Guardarlos para Cristo.

Además, por la ley "estaban guardados" para aquella fe que había de ser descubierta. Su poder capacitaba para andar santamente; pero cualquier separación de este poder les dejaba en conflicto con la ley y los castigos consiguientes que proveía. La ley los sujetaba rígidamente a Cristo. Era un maestro, un ayo (un pedagogo que acarreaba a los niños rebeldes a la escuela) que les traía a Cristo para que fueran justificados por la fe. Una vez en poder de Cristo, la santidad fluía con naturalidad, y ya el maestro no era necesario (Gá 3:23–25).

6. EL FIN DE LA LEY

Puesto que la ley era solamente una ayuda para el pacto con Abraham, y una manera de sujetar a la infiel nación israelita al Cristo invisible, cuando Él vino, siendo Él la promesa del pacto y convirtiéndose en su Cristo visible, no hubo necesidad ya más de la ley, del pacto con Moisés. "Fue puesta...hasta que viniese la simiente". "Mas venida la fe, ya no estamos bajo ayo" (Gá 3:19, 25). Que la ley llenó sus propósitos y completó su misión trayendo a los hombres a Cristo y sujetando a la nación hasta que Cristo viniera, siendo después de esto inoperante, innecesaria, lo establecen los siguientes pasajes de las Escrituras: 2 Co 3:7, 11, 13; Ro 6:14; 7:4, 6; 10:4; Gá 3:13, 19, 25; 5:18; Heb 7:18; 8:13; 9:10; 10:9; Ef 2:15; Col 2:14–17; Mt 5:17, 18; Lc 16:16.

7. ¿QUE ACONTECIÓ CON LA LEY CUANDO VINO CRISTO?

(a) Los mandamientos, con la sola excepción del cuarto, fueron trasladados y repetidos en el Nuevo Testamento (Pacto), como sigue: el primero, en Mt 4:10; el segundo, en 1 Jn 5:21; el tercero, en Mt 5:34–37; independientes del cuarto, en Col 2:16, 17; Ro 14:5; el quinto, en Ef 6:1; el sexto, en Gá 5:21; el séptimo, en Gá 5:19; el octavo, en Ef 4:28; el noveno, en Ef 4:25; y el décimo, en Ef 5:3.

(b) Las ordenanzas fueron cumplidas en Cristo y su iglesia: Mt 5:17, 18; Jn 1:29; 1 Co 5:7; Heb 9:11–14, 23, 24.

(c) La mayor parte de los juicios fueron leyes para gobernar la vida nacional y social. Cuando el pueblo judío fue esparcido, no hubo ya necesidad de regulaciones de ninguna clase para la nación.

8. LA ACTITUD DE ISRAEL PARA CON LA LEY

Cuando Moisés comunicó a los hijos de Israel las palabras de este pacto, "todo el pueblo respondió a una voz, y dijeron: "Ejecutaremos todas las palabras que Jehová ha dicho" (Éx 24:3). En tres distintas ocasiones se comprometieron solemnemente a cumplir con el pacto (Éx 19:8 y 24:3, 7), y se esparció sangre como un sello de este compromiso.

Pero apenas había regresado Moisés al monte para recibir nuevas instrucciones, cuando ya el pueblo se olvidó de Dios y su pacto y se hicieron otros dioses. Hubo aquí tan flagrante y total fracaso por parte del hombre, que Dios pensó revocar su pacto para siempre y barrer con toda la nación. Pero Moisés intercedió por ellos invocando el pacto con Abraham, y sin duda también las bases redentoras del pacto hecho con él, atendiendo Dios a sus ruegos (Éx 32:11–14, 30–33).

Una y otra vez Israel no cumplió con los mandamientos, juicios y ordenanzas; y si bien Dios los castigó continuamente por sus pecados, nunca retiró su ofrecimiento de hacerlos su especial tesoro, un reino de sacerdotes y gente santa. "La historia de Israel en el desierto, en la tierra prometida, bajo los reyes y en el ministerio de los profetas, en la cautividad y en la restauración, es una larga sucesión de fracasos y rebeliones, que culminó con el pecado capital, la crucifixión del heredero, el Mesías prometido".

Sin embargo, este fue el final que se había fijado al pacto (Gá 3:19); y por eso se abrogó en este punto. Durante años de prueba final, y la destrucción de Jerusalén, en el año 70 d.C., contempló la dispersión de los judíos por todas partes de la tierra, el fin de la adoración en el templo y de la vida nacional, y el fin del pacto con Moisés.

9. EL PACTO CON DAVID (2 S 7:16; Sal 89:28, 34–37).

Después de 450 años de fidelidad de parte de Dios y de infidelidad de parte del hombre, Israel añadió un manifiesto pecado al quebrantamiento de los mandamientos: se cansó en su ministerio de ser sacerdote de otras naciones, y quiso ser como ellas. No quiso más que Jehová fuera su rey, sino que deseó tener un rey como el de las otras naciones. Pero la paciencia y la misericordia de Dios no se agotó con esto, y consintió a su pedido, si bien se reservó el derecho de designar al rey Él mismo. Primero eligió al hombre que ellos mismos habrían elegido, un hombre de buen parecer, que sobrepasaba del hombro a los demás en estatura. El pecado en que incurrió Saúl y el desaliento que ello causó en la nación, preparó el camino para el verdadero elegido de Dios, David, el hijo de Isaí.

Y con David entró en pacto —porque era un varón conforme a su corazón— prometiendo que de su simiente saldría el prometido, el Mesías, que se sentaría en el trono de David para siempre. Ahora la promesa mesiánica queda confinada a la casa real de David, y se revela que el Mesías reinará sobre el trono de David.

10. DEUTERONOMIO

El libro de Deuteronomio es una reafirmación de las provisiones del pacto con Moisés en beneficio de la generación que entraría a la tierra de Canaán. No debe suponerse que el pasaje de los capítulos 29 y 30 de este libro constituyen un pacto palestino, o algún otro pacto; es solamente una confirmación que se les hace del pacto al cual sus padres fueron infieles.

11. UN PERÍODO JUDÍO

Debe tomarse debida nota que todo este período tiene que ver exclusivamente con la nación judía, y que las provisiones del pacto con Moisés, con sus mandamientos y promesas, se aplican únicamente a los judíos (Éx 19:3; 20:2). Además, la observancia del séptimo día, como el sábado, fue una institución peculiarmente judía, y fue dada como una "señal" entre Jehová e Israel (Éx 31:13–17). Como el arco iris fue una señal del pacto con Noé, y la circuncisión del pacto con Abraham, del mismo modo el sábado fue una señal del pacto con Moisés.

12. EL PROPÓSITO DE DIOS POR MEDIO DE LOS JUDÍOS

En este pacto y período, los judíos fueron particularmente elegidos y tratados por Dios, y su propósito para ellos y por medio de ellos, puede resumirse como sigue:

(a) Que por medio de ellos, y como su rey inmediato, vendría el Mesías. Las fases de su expiación fueron descritas ampliamente en el tabernáculo y en las ofrendas; y se dieron amplios detalles de su ministerio y reinado en las profecías de Moisés, David, Isaías y todos los demás profetas.

(b) Estarían delante de Dios como sacerdotes, intercediendo en favor del mundo impío. Este fue el propósito de Dios para con ellos (Éx 19:6), aunque evidentemente ellos fracasaron en este ministerio. Posteriormente, pidieron ser como las demás naciones.

(c) Por medio de especiales sacrificios y ofrendas, se prepararon para recibir y contemplar la gloria de Dios en medio de ellos.

Así se distinguieron de las demás naciones, como el pueblo en medio de quienes Dios moraba (Éx 33:16). Por medio y en medio de ellos los demás pueblos pudieran conocer a Dios.

(d) Ellos recibieron, preservaron y transmitieron las escrituras del Antiguo Testamento, que son una luz para todo el mundo.

(e) Fueron usados muchas veces como instrumentos de ira en la tierra de Canaán, confiándoseles una misión de juicio en contra de los pueblos paganos.

(f) Sus constantes fracasos y su infidelidad, y la constante demostración de la paciencia y la misericordia divina, dio oportunidad para demostrar a todas las naciones de entonces y después la grande compasión de Dios.

(g) Su incapacidad para cumplir con la ley, separados del poder divino, lo que quedó demostrado en todas sus generaciones por espacio de 1.500 años, probó al mundo entero que la verdadera justicia no puede ser alcanzada por medio de las obras de la ley.

(h) Su experiencia cotidiana al aplicar la norma de la ley a sus vidas, reveló a ellos y al mundo la naturaleza tremendamente corruptora del pecado.

Todos los propósitos de Dios por medio de los judíos, y todos sus propósitos en este período, fueron totalmente cumplidos. Aunque Israel mismo fue infiel a Dios, y debido a ello fue finalmente separado de su presencia, sin embargo, mirando las cosas desde el punto de vista de Dios y sus planes, no podemos conceptuar este período como un fracaso. Terminó en juicio contra los judíos, pero dio a luz el más brillante y espiritual período que el mundo ha conocido.

Lección 9

EL PERÍODO ECLESIÁSTICO

(Palabra Clave: Gracia)

1. INTRODUCCIÓN

El tercer y último sub-período de la edad postdiluviana, es el eclesiástico, o el período de la iglesia. Es preeminentemente un tiempo de gracia para todos los hombres, por lo cual también se le llama el período de la gracia. El primero de estos sub-períodos tenía que ver con un hombre (Abraham) y su simiente inmediata. Sin embargo, se sientan aquí las bases del plan que necesitaría los tres períodos siguientes para su cabal cumplimiento. El segundo de estos sub-períodos, el israelita, trata particularmente de la simiente de Abraham según la carne, usándolos como un medio para alcanzar el mundo e introducir por medio de ellos al Mesías, el redentor del mundo. Pero llegó esta nación a tal punto de desobediencia, que Jehová la dispersó por todo el mundo, disolviéndola como nación, llegando a su fin el ministerio que se les había confiado para el mundo postdiluviano. ¡Pero al fin ha llegado la Simiente, la Simiente de la mujer desde las tiendas de Sem, la Simiente de Abraham, desde la tribu de Judá y la casa real de David! Y con Él vino el plan divino para evangelizar a todas las naciones de la tierra, y la formación de una compañía, un Israel espiritual, la iglesia de Dios, la esposa del Cordero. El desenvolvimiento de este plan constituye el tercer y último sub-período de la edad postdiluviana.

2. EL FONDO HISTÓRICO

Israel esperaba al Mesías. Como simiente de la mujer, heriría a la serpiente en la cabeza, pero a su vez sería herido por ella en el calcañar. Redimiría al mundo del poder de Satanás, pero padecería cruentamente al hacerlo. Como simiente de Abraham, libraría a Israel de sus enemigos y los haría una bendición para toda la tierra. Como profeta semejante a Moisés, hablaría al pueblo las palabras de Dios. Como hijo de David, se sentaría en su trono. También se le había prometido a Israel un nuevo pacto (véase Is 61:8; Jer 31:31–34; 32:37–42; 50:5; Ez 11:19–20; 16:60; 36:25–27). Jehová les limpiaría de todas sus iniquidades y de los ídolos, dándoles un nuevo corazón, poniendo su Espíritu dentro de ellos. Sobre este fondo histórico hizo Cristo su aparición en el mundo.

3. EL CUMPLIMIENTO DE LA PROFECÍA

Él era la simiente de la mujer —de nacimiento virginal— y su venida hirió a la serpiente en la cabeza (Lc 10:18; Jn 12:31), y trajo la liberación del hombre de su poder (Mt 20:28). Pero Él mismo fue herido en la contienda (Mt 27:26). Cristo era el profeta semejante a Moisés (Hch 3:22–26) que les habló la palabra de Dios (Jn 12:49). Cristo fue hecho súbdito a la ley (Gá 4:4), y vino a cumplirla (Mt 5:17, 18). Todos los símbolos y figuras del tabernáculo y las ordenanzas del pacto con Moisés tuvieron en Él su cumplimiento (Col 2:16, 17; Heb 10:1). También innumerables profecías y figuras diseminadas por los libros de la Ley, los Salmos y los profetas tuvieron en Él su cumplimiento final (Lc 24:27, 44).

Cristo era simiente de Abraham (Gá 3:16) con poder para cumplir lo que faltaba del pacto con Abraham, aunque no ejerció este poder en su primera venida. Israel necesitaba una mayor y severa disciplina, porque estaba por cometer —al crucificarlo— el mayor de todos los crímenes de su vida nacional. Será sólo al final de la tribulación —el "tiempo de angustia para Jacob"— cuando librará a los judíos de sus enemigos y les dará Palestina en toda su extensión (Ez 47 y 48). Será sólo después que sean purgados y harán gran llanto sobre Él que los hará bendición para todas las familias de la tierra (Is 66:19; Mi 4:2; Zac 8:23).

La dinastía de David no necesitaba entonces ser restaurada, porque el pueblo de David estaba bajo severa y larga disciplina. Por eso el hijo de David se retiró para compartir el trono de su Padre (Ap 3:21), de donde regresará para sentarse en el trono de su gloria en su reino milenial (Mt 25:31).

4. EL NUEVO PACTO

a. Él era su mediador, y fue el mediador del nuevo pacto (Heb 8:6; 9:15; 12:24).

Su venida cumplió y dio por terminado el antiguo pacto, el de Moisés (Ro 10:4; Gá 3:19), por lo que podemos esperar que Él introduzca el nuevo. Claramente llegó el anuncio. En dos pasajes (Lc 22:20; 1 Co 11:25), Él dijo: "Esta copa es el nuevo pacto en mi sangre", y en la referencia de Lucas se añade: "que por vosotros se derrama". En otros dos pasajes (Mr 14:24; Mt 26:28), se dice: "Esto (la copa de comunión) es mi sangre del nuevo pacto, que por muchos es derramada"; y en la referencia de Mateo se añade: "para remisión de los pecados".

En sentido bíblico, un pacto es un testamento; y "donde hay testamento, necesario es que intervenga muerte del testador" (Heb 9:16, 17). Esto se aplica también al antiguo pacto con Moisés, porque ese pacto se introdujo, fue dedicado y puesto en ejecución por medio de la sangre (Heb 9:18–20). El derramamiento de sangre, entonces, con relación a ese pacto, señaló la muerte de su testador y estableció la naturaleza de "don" del pacto (testamento, legado), es decir, que era un pacto de gracia. Era un pacto de ayuda transitoria, y su naturaleza de "don" o "gracia" fue suficientemente indicada por la muerte y la sangre de animales, como un tipo de la muerte y la sangre de animales, como un tipo de la muerte del Cordero de Dios que después vendría. Por eso, cuando la Escritura cita a Jesús como diciendo que su sangre era la sangre de un nuevo pacto (véase también Heb 9:25, 26; 10:29; 13:20), no está probando que Jesús mismo era el testador (el dador) del nuevo pacto (o testamento); que el nuevo pacto era virtualmente un legado (un don de la gracia) que se hizo efectivo con su muerte.

b. El lado divino.

(1) Purificación del pecado.

Él dijo: "Mi sangre que por vosotros se derrama (por muchos) para remisión de los pecados". Esto nos recuerda una promesa en Ezequiel concerniente al nuevo pacto (36:25), la de la limpieza del pecado, y nos asegura que nos traerá perdón de nuestras iniquidades como una de sus más grandes bendiciones.

(2) Un nuevo corazón.

También se predijo como una bendición de este pacto (Ez 36:26): "Y os daré corazón nuevo". Jesús dijo: "El que come mi carne y bebe mi sangre, tiene vida eterna" (Jn 6:51, 53, 54), lo que significaba que Él estaba dando su misma vida, su misma naturaleza. También dijo: "La paz os dejo, mi paz os doy", "Mi gozo esté en vosotros" (Jn 14:27; 15:11). Y, finalmente, Él declaró: "El que me ama, mi palabra guardará; y mi Padre le amará, y vendremos a él, y haremos con él morada"; "Yo en ellos, y tú en mí" (Jn 14:23; 17:23). Esto, ciertamente, cumple la promesa del "nuevo corazón", porque Jesús dijo que eran Él y su Padre los que formaban este nuevo corazón o naturaleza en el creyente.

(3) La suministración de su Espíritu.

La tercera promesa de este pacto fue: "Y pondré dentro de vosotros mi Espíritu" (Ez 36:27). Como mediador o negociador del nuevo pacto, Jesús explica: "Y yo rogaré al Padre, y os dará otro Consolador", "al Espíritu de verdad", "el Espíritu Santo" (Jn 14:16, 17, 26). "Y he aquí, yo enviaré la promesa de mi Padre sobre vosotros" (Lc 24:49); y esta promesa fue el bautismo del Espíritu Santo como fuera recibido en el día de Pentecostés (Hch 2:1–4).

(4) Sanidad divina.

Como lo fuera en el antiguo pacto (Éxodo 15:26), así lo es también en el nuevo: la promesa es terminante: "¿Está alguno enfermo entre vosotros? llame a los ancianos de la iglesia, y oren por él, ungiéndole con aceite en el nombre del Señor, y la oración de fe salvará al enfermo, y el Señor le levantará; y si estuviere en pecados, le serán perdonados (Stg 5:14, 15).

c. El lado humano.

Así como hubo un lado humano para el pacto con Adán, que fue otro pacto de pura gracia, también lo hay para este nuevo pacto. Pero la parte del hombre fue y es todavía solamente creer y expresar esta fe confesando el nombre de Jesús (Mr 16:16; Jn 6:47; Mt 10:32; Ro 10:9, 10; Jn 14:15; Stg 2:17).

d. Un nuevo aspecto.

Un nuevo aspecto de este pacto —no especificado claramente en las profecías respecto a él, pero establecido claramente por Cristo— es que sus provisiones son para todas las naciones y para toda criatura (Lc 24:47; Mr 16:15; Mt 28:19).

e. Conclusión.

En consecuencia, este nuevo pacto tiene a Cristo como su mediador, su testador (o dador), y como el legado mismo; y su sangre fue la sangre misma de la dedicación. Sus disposiciones eran para todos los hombres con el único requisito de la fe.

5. RELACIÓN DEL NUEVO PACTO CON LOS ANTERIORES

El nuevo pacto estrictamente era sólo un pacto renovado (véase 1 Jn 2:7, 8). Se le llama más exactamente "pacto perpetuo" o "eterno" (Is 61:8; Jer 32:40; Ez 16:60), porque sus provisiones estaban indudablemente en el corazón de Dios mucho antes que el Cordero fuera muerto, desde la fundación misma del mundo.

El nuevo pacto es el cumplimiento del pacto con Adán, con gloriosos agregados. También el pacto con Abraham encuentra aquí su explicación, ampliación y casi total cumplimiento (Gá 3:6–9, 14). Las benditas promesas de Dios para Israel en el pacto con Moisés fueron extendidas hacia todas las naciones en este nuevo pacto.

6. EL PROPÓSITO DE DIOS EN ESTE PERÍODO

Dios se propuso en la edad israelita venir y morar dentro y en medio de su pueblo (Éx 25:8), proveer para su purificación (Sal 32:1, 2; Is 1:18), ser su vida y santidad (Sal 27:1; 71:16), y ser por medio de ellos de bendición para toda la tierra (Sal 67). Pero debido a los pecados y al fracaso de Israel, se vio obligado a retirar su presencia y dejar su casa desolada (Ez 10:4; 11:23; Mt 23:38; 12:43; 45). En la edad eclesiástica Dios se propuso hacer el mismo ofrecimiento a todos los hombres de este mundo (Mr 16:15; Jn 17:20, 21; Ap 3:20); limpiarlos con su sangre (Lc 24:47, 48); impartirles su misma vida y naturaleza (2 Co 5:17–20; 13:5); y llenarlos con su Santo Espíritu (Hch 2:4, 38, 39). Todo esto sería proclamado a todo el mundo por sus discípulos (Hch 1:8) y sus seguidores (Mt 28:20; 2 Ti 2:2), de modo que toda criatura (Mr 16:15) pudiera tener la oportunidad de recibir su salvación.

"La más grande bendición del período del evangelio está en que abrió para todo el mundo las puertas de los tesoros de la gracia divina, que habían estado reservados, y habían sido mal aprovechados por los judíos" (Stevens).

En el período de la ley, Israel constituyó "la congregación en el desierto" (Hch 7:38); y en el período de la gracia, los hombres de todas las naciones que aceptaron a Cristo —su sangre, a Él mismo y a su Espíritu— constituirían "la congregación de los primogénitos" (Heb 12:23). Este nuevo Israel (Ro 2:28, 29; 9:6; Fil 3:3) sería una gran nación espiritual (Gá 3:28) unida tan íntimamente como lo fue el primer Israel (1 Co 12:12, 13; Col 3:11; Jn 17:20–23). El primer Israel participaba de una misma comida y bebida espiritual, que era Cristo (1 Co 10:3, 4); y del Israel espiritual también se dice que son participantes del cuerpo y de la sangre de Cristo (Jn 6:53; 2 P 1:4) y que son parte de su cuerpo (Ro 10:12; Ef 2:14–18; 1:22, 23). El propósito de Dios en este período es, entonces, formar un Israel espiritual e internacional.

Lección 10

EL PERÍODO ECLESIÁSTICO

(Continuación)

7. LA IGLESIA

a. En el Antiguo Testamento.

Hay un sentido en que podemos decir que la iglesia de Dios existió desde el momento que se derramó sangre en el huerto del Edén, y desde que Abel creyó. Debemos recordar que el resultado más desastroso de la caída fue que el hombre quedó separado de Cristo y perdió la vida de Cristo que estaba en él. El pacto con Abraham de inmediato proporcionó un medio para que el hombre gozara otra vez de la comunión perdida, o sea, para que Cristo estuviera en ellos y ellos en Cristo. Este estar en Cristo y Cristo en ellos, que era la más bendita de todas las dichas del Edén —la pérdida de la cual fue lo más trágico y su recobro la más preciosa provisión del pacto con Abraham— no era otra cosa que la formación de hombres en un grupo, la iglesia, su cuerpo.

La comunión y amistad que Enoc tuvo con Dios no pudo ser otra cosa que formar parte de su cuerpo, de su iglesia. ¿Cómo pudo haber cantado David: "Jehová es la fortaleza de mi vida" (Sal 27:1; 78:26), si no hubiera poseído a Cristo dentro de él, si no hubiera sido parte de su cuerpo, de su iglesia? ¿Cómo pudieron los miembros espirituales del antiguo Israel ser participantes de Cristo como su comida y bebida espiritual (1 Co 10:3, 4), sin haber sido también participantes de su naturaleza y de su vida, y llegar así a ser parte de su cuerpo, de su iglesia? ¿Cómo pudo haber estado el Espíritu de Cristo en los profetas del Antiguo Testamento (1 P 1:11), sin haber sido parte de Él? El propósito original y continuado de Dios en la redención es morar en su pueblo y serles justicia, santificación, sabiduría y poder. Y en todos los que desde Adán y Abel hasta nuestros días y hasta el fin de los siglos, Dios tenga éxito en hacerlos participantes de la sangre de su Hijo, de su santidad y de su vida misma, constituirán de hecho su cuerpo y su iglesia.

También se puede afirmar que desde que se dio el pacto a Abraham, los miembros de esta iglesia mística, el cuerpo de Cristo, han sido los fieles hijos del fiel Abraham (Gá 3:7; Ro 4:12). Esto se puede entender claramente si se considera que todos los miembros de su iglesia, su cuerpo, "de Cristo" están vestidos (Gá 3:27), y que Cristo era la simiente de Abraham (Gá 3:16); por lo tanto, todos los que están en Cristo son simiente de Abraham y, con Cristo, herederos según la promesa (Gá 3:28–29).

b. En el Nuevo Testamento.

Pero con el advenimiento de Cristo a la tierra en el cuerpo de Jesús de Nazaret, y con la introducción del nuevo pacto como principio de la edad eclesiástica, se principió a conocer en el mundo un misterio que había estado oculto en Dios, y que no fue revelado a los hijos de los hombres en otras edades (Ef 3:5, 9). Este misterio era "que los Gentiles sean juntamente herederos, e incorporados, y consortes de su promesa (el pacto con Adán) en Cristo" (Ef 3:6). Para heredar las bendiciones divinas, los gentiles tenían en el pasado que hacerse judíos (Éx 12:48, 49); pero ahora, por el advenimiento de Cristo en forma humana, la pared intermedia de separación entre judíos y gentiles fue derribada (Ef 2:14–18), y se proveyó para que los gentiles también tuvieran acceso directamente al Padre por un mismo Espíritu "en un mismo cuerpo" (véase también Jn 11:51, 52; 10:16). Por cierto que no es propio de los gentiles juzgar ahora si los judíos del Antiguo Testamento deben ser considerados miembros de su cuerpo. La gran concesión que se hizo y admitió en el Concilio de Jerusalén (Hch 15), después de mucha discusión, fue que se debía de permitir a los gentiles participar de esa relación con Dios que hasta entonces había sido patrimonio exclusivo de los verdaderos creyentes judíos (véase también Mt 8:11; Heb 11:39, 40).

El verdadero "tronco" o "raíz" de la iglesia de esta edad fueron los creyentes judíos de la edad israelita. Algunas de las ramas primitivas (Ro 11:17) fueron quebradas por la incredulidad (ceguera a la vida espiritual y al poder que eran posibles alcanzar aún entonces); se injertó entonces a los cristianos gentiles. Pero los cristianos gentiles nunca deben olvidar que la raíz original fue judía, o antiguotestamentaria, y que ellos son sólo un injerto: que la raíz les sustenta a ellos y no ellos a la raíz (Ro 11:18). La iglesia está edificada sobre el doble fundamento de los profetas (del Antiguo Testamento) y de los apóstoles (del Nuevo Testamento, Ef 2:20; Ap 21:12, 14). De manera que podemos ver que la iglesia no es una nueva creación espiritual, sino una descendencia espiritual por la línea de Israel.

c. Sus nuevos aspectos.

(1) Formación.

Pero, aunque la iglesia no fue una nueva creación espiritual, sin embargo, exteriormente, y en cuanto al período, principió a tener forma en el día de Pentecostés. Sólo Dios sabía que ella ya había sido formada con los creyentes judíos de las épocas pasadas; pero desde el día de Pentecostés, la iglesia asumió una forma visible, y tuvo una organización y una constitución. A diferencia de los judíos que la rodeaban, la iglesia mostraba amor los unos para con los otros, partían el pan de casa en casa, teniendo gracia con todo el pueblo (Hch 2—5), y pronto principiaron a ser perseguidos por los judíos incrédulos. Más tarde fueron conocidos como "cristianos", y fueron la secta que en todas partes era contradicha (Hch 11:26; 28:22). En este sentido, sí, la iglesia fue una nueva creación.

(2) Sus constituyentes.

Ocho años después de Pentecostés, la iglesia todavía estaba formada por judíos creyentes únicamente; pero el aspecto del nuevo pacto que fuera explicado por Jesús mismo, exigía su aplicación con todas sus provisiones para todas las naciones, de manera que muy pronto, en un corto tiempo, el Espíritu Santo principió a guiar a la iglesia a su señalado destino. Trece años después del derramamiento del Espíritu Santo, el concilio de Jerusalén dio la bienvenida a los gentiles a la comunión cristiana.

(3) Campo de operación.

Puesto que los gentiles constituían todas las naciones no judías, todo el mundo fue el campo de operación de la nueva iglesia: su visión y su ministerio eran universales. Esto mismo fue otra cosa maravillosa de la iglesia en este período: ahora abarcaba a creyentes gentiles y judíos, y su visión ya no era más nacional, sino internacional.

(4) Mensaje.

Otro sentido en que la iglesia era nueva para este período, era su mensaje. El Cristo de las edades se había hecho carne y había morado entre los hombres, lleno de gracia y verdad. Lo que se les había presentado por medio de símbolos y figuras, había estado en medio de ellos como un ser viviente, y Él mismo les había explicado el significado de su evangelio por medio de palabras y de hechos. Su vida entre ellos había sido una perfecta demostración y ejemplo del evangelio del cual Él era el autor y su heraldo personal. El evangelio, era el evangelio eterno, que había sido predicado a Abraham (Gá 3:8) y a los israelitas (Heb 4:2); pero ahora, debido a su vida y a la explicación personal que hizo del evangelio, llegó a ser conocido como "el evangelio de Jesucristo" (Mr 1:1).

Además, Él no era sólo el mediador del nuevo pacto, y el promulgador del nuevo evangelio; Él mismo era el evangelio; era el mensaje relacionado con Él, con su vida y su obra, y al recibirse el mensaje se recibiría a Él mismo en persona, y esto por cualquier persona, en cualquier parte, y en cualquier tiempo. Con este maravilloso mensaje, la iglesia era muy diferente en este período.

(5) Poder.

Por otra parte, al inaugurarse esta iglesia visible e internacional, y para capacitarla y ungirla para la proclamación de su mensaje, se derramó sobre ella un maravilloso poder de lo alto. No es que el Espíritu Santo no hubiera obrado en la tierra antes del día de Pentecostés, porque era el Espíritu Eterno el que se movía sobre la faz de las aguas en la tierra caótica, e inspiró a los santos hombres del pasado para darnos las santas escrituras (Heb 9:14; Gn 1:2; 2 P 1:21). Pero la declaración de Juan que el Espíritu Santo no había sido dado todavía (durante la vida terrenal de Cristo, Jn 7:39) está justificada, porque en el día de Pentecostés principió a darse a los creyentes en una forma más completa y permanente (Lc 24:49; Hch 1:5, 8). Esto constituyó también un nuevo aspecto de la existencia y ministerio de la iglesia en esta edad.

(6) Resumen.

De manera que, aunque la iglesia, en sentido místico, es tan antigua como el tiempo y tan vasta como la raza, de acuerdo con el plan divino para los distintos períodos, apareció por primera vez en el día de Pentecostés (1) con una nueva forma; (2) con nuevos constituyentes; (3) con un nuevo campo de operación; (4) con un nuevo mensaje; y (5) con una especial investidura de poder para proclamarlo y realizar su misión.

8. COMPARACIÓN DEL PERÍODO ECLESIÁSTICO Y EL PERÍODO ISRAELITA

a. En el mediador para formar al pueblo de Dios.

Como lo hemos dicho anteriormente, el propósito de Dios en la edad eclesiástica fue el de extender a todo el mundo el ofrecimiento de la gracia divina que se había hecho a los judíos en el período israelita. Este ofrecimiento, hecho al mundo por el mediador (o ministros) del nuevo pacto (como el antiguo pacto había sido proclamado a los judíos por Moisés, el mediador de este pacto), no fue para la conversión del mundo (Mt 13), sino para sacar del mundo a los que quisieran aceptar este nuevo pacto, como la antigua compañía del pueblo de Dios (los judíos) fue llamada a aceptar el pacto con Moisés. Los judíos fueron sacados de Egipto (Os 11:1), y la iglesia sería sacada del mundo (Hch 15:14). La iglesia era la prueba divina de una compañía internacional, como antes había probado a una sola nación.

b. En las revelaciones.

Cada una de estas santas familias (Israel y la iglesia) tuvieron una revelación de Dios (la primera por medio de Moisés y la segunda por Jesucristo), que para una significó el pacto con Moisés, confirmando y fortaleciendo el pacto con Abraham; y para la otra, el nuevo pacto, ampliando y explicando el pacto con Adán y con Abraham.

Bajo sus respectivos pactos, Israel y la iglesia fueron:
(1) separados de los demás (Éx 33:16; 2 Co 6:17),
(2) un especial tesoro para Dios (Éx 19:5; 1 P 2:9),
(3) gente santa (Éx 19:6; 1 P 2:9),
(4) un reino de sacerdotes (Éx 19:6; 1 P 2:9),
(5) con Dios como el sanador de sus enfermedades (Éx 15:26; Stg 5:14, 15),
(6) obligados a guardar sus mandamientos (Éx 15:26; 19:5; Jn 14:21; 1 Jn 3:22).

Los grandes mediadores (Jesús y Moisés) de estos dos pactos (el nuevo y el de Moisés), comunicaron su espíritu a algunos que participarían de esta facultad de ellos como mediadores (Nm 11:14–17; Hch 1:8; 2 Co 8:6).

c. En las Escrituras.

Como el Antiguo Testamento fue recibido, preservado y transmitido por los judíos piadosos del antiguo período, también el Nuevo Testamento ha sido recibido, preservado y transmitido por los piadosos creyentes de este período.

d. En la esperanza de su venida.

La venida de Cristo ha sido esperada en cada período, y fue y es la grande y bendita esperanza que sostiene a ambos (Lc 2:38; Tit 2:13).

e. En ser luces para el mundo.

Israel y la iglesia, cada una en su respectivo período, fueron puestas para ser luz del mundo por la presencia de Dios en medio de ellos, manifestándose tanto en sus vidas como en sus experiencias (Fil 2:15), y por el ministerio sacerdotal que desempeñan a favor de las naciones que les rodean (Éx 19:6; 1 P 2:9).

f. En fracasos.

Pero los que aceptaron las estipulaciones del pacto con Moisés fueron infieles y fracasaron en ser luces para el mundo; y la iglesia de esta edad también ha fracasado en su ministerio señalado en el mundo, y su luz no ha brillado resplandecientemente. Y del mismo modo que las características distintivas de los judíos pronto se perdieron, habiendo incurrido en los pecados y prácticas de las naciones paganas, también se perdieron las características distintivas de la iglesia, y la iglesia también ha llegado a ser como las naciones en medio de las cuales vive. Como apostatara Israel, así ha apostatado la iglesia; y como Israel tuvo sus avivamientos, así también los ha tenido la iglesia. La iglesia, el Israel internacional, tiene su oportunidad en esta edad, como el Israel nacional tuvo su oportunidad en la edad anterior. Y ha fallado tan miserablemente como falló Israel.

g. En un remanente.

En medio del fracaso general de Israel y de la iglesia, ha habido siempre sin embargo, un fiel y oculto remanente que ha sido fiel a Dios y ha mantenido encendida su luz en el mundo (1 R 19:18); Is 1:9; Lc 2:38; Ap 2:24; 3:4, 20–21; Mt 22:14).

h. En apostasías.

Una gran apostasía y aridez espiritual existía al final de la edad israelita, y también está anunciada (2 Ts 2:3) que habrá, y ya existe, al final de esta edad.

i. En juicios.

En vista de la similitud que hay entre Israel y la iglesia, en sus oportunidades y responsabilidades, en sus continuos fracasos y apostasía final, es inevitable que el Dios justo e inmutable de ambos traerá sobre la iglesia un gran juicio como lo trajo sobre Israel. Esto está terminantemente prescrito en su palabra (1 P 4:17; Mt 3:12; 24:50, 51; Ap 2:5, 23).

j. En la venida de Cristo.

Una venida de Cristo marca el término de ambos períodos.

k. En tener a Cristo como vida y símbolo.

El Señor Jesucristo, el Dios-Hombre que vivió en la tierra en ese tiempo cuando se unieron los dos períodos, no era sólo la vida del remanente espiritual de ambos, sino que también su vida terrenal era un símbolo de los dos. Él también fue llamado de Egipto, recibió una poderosa revelación de Dios al principio de su ministerio, en seguida se fue al desierto, gozó primero un período de popularidad, después un tiempo en que fue dejado solo, y finalmente Él mismo fue juzgado. Al ser colgado en la cruz, siendo juzgado especialmente por los pecados de los suyos —Israel y la iglesia— una mano fue extendida a cada uno de estos dos períodos, y su vida fue entregada para ambos. ¡Qué arquitecto maravilloso es aquel que compuso las edades (Heb 11:3), y no obstante lo cual, murió en medio de ellas!

(1) Resumen.

De este modo vemos cómo la iglesia e Israel se asemejan en:

(a) ser pueblos separados, sacados.

(b) tener pactos específicos que se hicieron con ellos.

(c) que los pactos eran muy similares.

(d) que los mediadores de ambos pactos comunicaron a otros esta facultad de mediar.

(e) haber sido puestos como luz del mundo.

(f) haber recibido las Escrituras.

(g) haber esperado la venida de Cristo.

(h) haber fracasado a Dios repetidamente.

(i) tener remanentes que permanecieron fieles.

(k) terminar su carrera en una apostasía general.

(l) recibir de Dios el juicio correspondiente con relación a:

(m) una venida de Cristo.

(n) tener a Cristo como vida y símbolo.

La principal y distintiva característica es que Israel era nacional, y la iglesia, internacional.

9. EL FINAL DE ESTA EDAD

a. Finales concurrentes.

Al estudiar el final de la edad eclesiástica, debemos observar que aquí tenemos también el final de la edad postdiluviana y de los períodos conocidos como las "sesenta semanas" de Daniel (Dn 9:24–27) y "los tiempos de las gentes" (Lc 21:24). Todos estos cuatro períodos terminan en juicio, y siendo que estos juicios acontecerán simultáneamente, podemos deducir que el tiempo de este juicio general será un período de la más intensa aflicción, como el mundo nunca ha visto (Dn 12:1; Mt 24:21, 22). Durará aproximadamente siete años (Ap 6:1; 11:2, 3; 12:6; 13:5).

b. Para la iglesia.

El remanente fiel de la iglesia será sacado del mundo antes que se desencadene la tribulación con toda su furia (Ap 3:10; 12:5); pero la iglesia visible, de la cual este período toma su nombre, recibirá su juicio y castigo de parte de Dios por su infidelidad y apostasía (1 P 4:17; Heb 10:30; Ap 12:13).

c. Para los judíos.

Las "setenta semanas" de Daniel, constituyen un período de 490 años que fueron "determinados" sobre el pueblo judío para acabar con la prevaricación, etc., y traer la justicia de los siglos (Dn 9:24); 483 de estos años se cumplieron para la crucifixión de Cristo, faltando por cumplirse siete años. Estos principiarán cuando el anticristo pacte con los judíos en los últimos días. En medio de esta semana, o sea, tres años y medio después que se haya efectuado este pacto impío, el anticristo faltará a su palabra y se lanzará con toda furia en guerra contra los judíos, y los "quebrantará" (Dn 7:21, 25). Este es el "tiempo de angustia para Jacob" (Jer 30:7). Así, aparte del juicio que vino sobre Israel en la destrucción de Jerusalén, habrá otro mayor cuando estén constituidos como nación otra vez en el fin de los tiempos, por su continuo rechazo de Cristo y del mensaje de la iglesia por el Espíritu Santo (véase Zac 12:10; 13:8–9; Mal 3:2, 3).

d. Para los gentiles.

"Los tiempos de las gentes" es el período en que los gentiles tienen dominio sobre Jerusalén y Palestina. Principió cuando Nabucodonosor conquistó Jerusalén en el año 606 a.C., y continuará hasta que la Piedra "cortada, no con mano", hiera a la imagen en sus pies (el dominio gentil), y se torne como tamo de las eras del verano; y la Piedra sea "hecha un gran monte", que henchirá toda la tierra (Dn 2:34, 35); es decir, hasta que Jesús venga y destruya a todos esos reinos que han dominado Palestina y maltratado a los judíos, y establezca su reino milenial. El Señor ha usado a los gentiles para castigar a los judíos; pero los gentiles no son libres de culpa por el maltrato dado al pueblo de Dios. "Yo estaba enojado un poco, y ellos ayudaron para el mal" (Zac 1:12–21; 12:9; 14:2, 3; Jer 25:12). Su juicio en el tiempo de la tribulación será seguido por el juicio de todas las naciones vivientes, congregados ante el trono de su gloria milenial, cuando serán juzgadas sólo en base al maltrato dado a los judíos (Mt 25:31–46).

e. Para la edad postdiluviana.

El mundo postdiluviano recibió muchas demostraciones de la gracia y de la misericordia divina; fue amonestado contra el pecado en el pacto con Noé; vivió bajo el constante ofrecimiento de un perfecto Redentor en el pacto con Adán; vio las maravillas de la gloria de Dios; les fue extendida a ellos todas las estipulaciones de gracia en el pacto con Moisés; y continuamente fueron llamados por los mediadores y mensajeros del nuevo pacto a dejar sus malos caminos y aceptar la gracia y la misericordia de nuestro Señor Jesucristo. Pero ahora el tiempo de la prueba ha terminado. Los que rechazaron su gracia deberán sentir su ira, pues su día ha llegado (Ap 6:17). Aunque de acuerdo con el pacto con Noé, no destruirá a todo ser viviente, sin embargo, todo el mundo sufrirá en la gran tribulación (Mt 24:7; Ap 3:10; 6:4).

f. Resumen.

Así vemos que Israel, la iglesia, las naciones gentiles y los pecadores de todo lugar, serán visitados con el gran juicio de Dios en este tiempo de tribulación, que marcará el fin del período eclesiástico.

Lección 11

LA EDAD MILENIAL

(Palabra Clave: Gobierno Divino)

1. VISLUMBRE

La unión de las edades postdiluviana y milenial nos ofrece un buen ejemplo del traslapo de los períodos. La edad milenial principia por lo menos siete años antes que termine la eclesiástica. Cambios de los más tremendos y revolucionarios tienen lugar en este traslapo de períodos e inmediatamente después como una introducción al milenio propiamente. Será destruido un gran porcentaje de la población de la tierra, y serán alterados los límites y distinciones nacionales. Cristo mismo regresará literalmente en persona para reinar en la tierra por estos mil años; con Él traerá a la iglesia mística de las edades, que reinará con Él en la tierra. La creación animal experimentará cambios vitales, como asimismo la naturaleza toda. Y todos los pactos se completarán totalmente aquí o estarán muy próximos a cumplirse. Este es, sin duda, el período de la plenitud de los tiempos (Ef 1:10).

2. SU EXTENSIÓN Y HABITANTES

a. Pérdida en la población.

Este es otro período mundial. Es decir, es comparable al edénico, al antediluviano y al postdiluviano en que abarca a toda la humanidad (Is 11:9). Pero la gente que poblará la tierra habrá cambiado mucho antes que esta edad haya principiado. Durante los años de la tribulación, las guerras, hambres, pestilencias, trastornos en la naturaleza y visitaciones infernales, como también la gran batalla del Armagedón hacia el final, habrán reducido mucho la población de la tierra, por lo menos haciendo desaparecer a todos los que tienen la señal de la bestia (Ap 6:4, 8; 8:11; 9:15; 14:9–11, 20; 19:21). Además, en seguida que Cristo regrese, juzgará a todas las naciones vivientes, separándolas como el pastor aparta las ovejas de los cabritos; las naciones "ovejas" continuarán a través del milenio, pero las naciones "cabritos" serán echadas al fuego eterno (Mt 25:31–46). Pero esto puede significar que aquellas naciones que han sido injustas con los judíos perderán su lugar como nación (véase Ap 2:5), siendo sus nombres borrados y olvidados y sus gentes absorbidas por otras naciones, quitándose sólo su gobierno oficial de la tierra (Dn 7:12).

b. Aumento de la población.

El retorno sobrenatural de Cristo a la tierra (Ap 1:7; Zac 14:4), trayendo con Él en cuerpos glorificados a todos los que murieron en Cristo desde Abel hasta el fin de las edades (1 Ts 4:16, 17; Jud 14, 15; Ap 5:10), administrando con ellos todos los reinados y gobiernos de esta tierra (Ap 11:15), henchirá la tierra con la multitud de los redimidos de Dios.

c. Sus habitantes.

Los judíos serán reducidos a la tercera parte de su número durante la tribulación (Zac 13:8, 9); los que quedan aceptarán a Cristo y Él los recibirá a ellos (Zac 12:10–14; véase Gn 45). Con Cristo como su Mesías y cabeza, serán la nación más prominente y no "cola" (Dt 28:13, 44; Is 60:10–15; Zac 8:20–23). Así, los habitantes de la tierra consistirán de Cristo como gobernante supremo, los santos resucitados y glorificados, los judíos piadosos y naciones amigas.

3. LA CONJUNCIÓN DE LOS PACTOS

Como una conjunción de grandes ríos, el principio del milenio será la confluencia de todos los pactos anteriores que Dios hiciera con el hombre (Ap 11:19). El pacto edénico, con la restauración de la supremacía del hombre sobre la creación animal y su efecto sobre la naturaleza misma; el pacto con Adán, con la redención casi realizada totalmente; el pacto con Noé, con sus provisiones sobre el gobierno; el pacto con Abraham, con su exaltación de los judíos y la restauración de Palestina; el pacto con David, cumplido en el establecimiento del hijo de David como rey eterno en Sion; el pacto con Moisés, que presta el ritual del templo y el sistema de fiestas anuales para formar la adoración del milenio; y el nuevo y eterno pacto en su plenitud; todo contribuye a hacer de éste el gran período del pacto y poner a Dios en una más íntima y firme relación con esta tierra como nunca antes.

a. El pacto edénico en el milenio.

El lado humano del pacto edénico fue cumplido por nuestro Señor Jesucristo, luego Él será hallado digno de tomar el libro, la escritura de propiedad del mundo, y reasumir el dominio sobre la tierra que había perdido el primer Adán (Ap 5:1–7). Así entra en funciones otra vez el pacto edénico, y Cristo recibe la autoridad y el dominio sobre toda la creación (Ro 8:19–23; Ap 5:13) que había tenido Adán en el Edén. Las criaturas ya no estarán más sujetas a vanidad, y no mostrarán ya más tampoco el espíritu de su antiguo amo, Satanás (Ef 2:2; Gá 5:15). Habiendo sido depuesta esa antigua serpiente de su soberanía sobre este mundo (2 Co 4:4; Ap 12:7–9; 20:1–3), y habiendo ocupado su lugar Cristo, el amado Hijo de Dios (Ap 11:15), el espíritu de Cristo penetra aún la misma creación animal, y en ella todo es paz y docilidad (Is 11:6–9; 65:25; Os 2:18). Por lo menos una parte de la naturaleza florecerá también como la rosa y no tendrá espinas (Is 35:1–10; 55:13): la recobrada y extendida tierra de Canaán.

b. El pacto con Adán en el milenio.

El pacto con Adán había prometido que el Redentor heriría a la serpiente en la cabeza, y el primer evento de este período es la expulsión de Satanás de los lugares celestiales, su alejamiento de la tierra y su reclusión en el abismo (Ap 12:7–9; 20:1–3). Que estos hechos son el cumplimiento de este pacto, está sugerido por la presentación del "Cordero como inmolado" (Ap 5:6), porque fue en el Calvario que fue roto el poder de Satanás (Heb 2:14; Jn 12:31). Aquí se oye por primera vez en el cielo el canto de los redimidos (Ap 5:9–10; 15:3), y ha llegado la esperada salvación (1 P 1:5; Ap 12:10). La grande y antigua esperanza de la redención se realiza casi completamente en el milenio. Cristo, el Redentor, reina personalmente en la tierra, y los redimidos de todas las edades son levantados para sentarse en tronos con Él. Los judíos son misioneros por toda la tierra y toda la tierra está llena del conocimiento de Jehová y su nombre es grande por doquier (Is 66:19; Heb 2:14; Zac 8:20–23; 14:16–21; Is 61:5, 6, 9; Mal 1:11).

c. Los pactos con Noé y David en el milenio.

El arco iris del pacto con Noé rodea el trono en el juicio para que Dios se acuerde de no destruir a todo ser viviente, como lo prometiera (Gn 9:13–15; Ap 4:3). Las estipulaciones de este pacto, que se relacionan con la naturaleza y la creación animal, son, por cierto, más que absorbidas en la renovación del pacto edénico mismo. El establecimiento del gobierno humano será perpetuado y extendido, y el pacto con David completamente realizado por el gobierno del Dios-hombre, el hijo de David, y sus santos (Lc 1:32, 33; Dn 2:45; 7:13, 14; Ap 5:10; 11:15; 12:5; 20:4, 6). Por primera vez también la tierra será gobernada infaliblemente; encontrando de inmediato el pecador una recta justicia (Is 11:1–5; Sal 2:9; Ec 8:11; Ap 12:5). Jerusalén será el centro del gobierno de este mundo, y David será el príncipe de Palestina (Is 2:2–4; Ez 37:24, 25). Bajo este gobierno divino milenial, no habrá más guerras en la tierra (Mi 4:3, 4).

d. El pacto con Abraham en el milenio.

El pacto con Abraham encontrará su primer cumplimiento total en este período. Aquí como nunca antes, los judíos serán una bendición para todas las familias de la tierra (Gn 22:18; Zac 8:23; Is 66:19). Sólo entonces, los judíos heredarán la tierra desde el Nilo al Eufrates, y de mar a mar, como le fuera prometido a Abraham; y la poseerán como una heredad eterna (Gn 17:8; Ez 37:25–28). Por cierto que habrá una nueva distribución de la tierra santa entre las varias tribus, y esta está ya señalada en Ez 48. En secciones largas, angostas e iguales, que irán desde el litoral occidental hasta el oriental ("el extremo de la mar", probablemente el Océano Indico), cada tribu tendrá su porción. Entre Judá y Benjamín (las dos tribus más fieles), se dejará una porción

como "una ofrenda" —conocida como la porción del príncipe—
de 25.000 cañas (alrededor de 80 kilómetros) de ancho y del mismo largo que las otras. En medio de estas 25.000 cañas cuadradas
estará la santa oblación, en el centro mismo de la cual estará el
santuario, el templo de Dios. Dos sectores de esta oblación, de
10.000 cañas de ancho cada uno, serán dados a los levitas y a los
sacerdotes respectivamente, mientras que la parte sur de 5.000
cañas que quedan de ancho contendrá la ciudad de Jerusalén,
5.000 cañas cuadradas; y a cada lado campos de cultivo para ali-
mentar a sus habitantes.

Como parte de los grandes cambios físicos que habrán en Palestina a la venida de Cristo, un río surgirá debajo del trono de
Dios, la mitad del cual irá hacia "la mar oriental", y la otra mitad
hacia "la mar occidental" (Ez 47:1; Zac 14:8). Este mar oriental
parece ser el Mar Muerto (Ez 47:8, 9), cuyas aguas serán purifica-
das, dando lugar a la existencia de peces y vegetación en sus ribe-
ras. Toda la tierra de los judíos tendrá su lluvia temprana y tardía
como antaño y la tierra producirá en abundancia (Jl 2:23–26;
3:18; Amos 9:13; Is 35:1, 2; Sal 67:6). Por lo menos en este pueblo,
también la vida humana será prolongada a algo parecido a la edad
de los patriarcas antediluvianos (Is 65:20, 22; Zac 8:4). Por Is
60:19, 20 podemos inferir que la luz sobrenatural de la presencia
del Señor iluminará Palestina día y noche (Éx 13:21, 22).

(3) El pacto con Moisés en el milenio.

Por cierto que este pacto terminó en la cruz del Calvario; pero
es hermoso contemplar que, aparte del hecho de que todos sus
principios morales fueron incorporados en el nuevo pacto, su
mismo ritual de adoración en el templo y su sistema de días festi-
vos también serán usados en el milenio. Se reedificará el templo y
se dan sus especificaciones exactas (Ez 40:1 a 43:17). No estará
ubicado en la ciudad de Jerusalén, sino en la porción de los sacerdotes, en la santa oblación (Ez 45:1–4). Se dice que estará lleno de
la gloria de Jehová, y que la tierra resplandecerá también a causa
de su gloria (Ez 43:1–5; Is 4:5, 6).

Se derramará sangre nuevamente en el ritual del templo, y las
varias ofrendas —holocausto, vegetal, paces, libación, pecado y

transgresión— serán presentadas por un sacerdocio ordenado (Ez 42:13; 43:19, 27; 45:17). Por lo menos, se observarán dos de las fiestas israelitas antiguas: la Pascua y la Fiesta de los Tabernáculos (Ez 45:21; Zac 14:16–19); y aun se puede suponer que será restaurada toda la economía del ritual mosaico. Además de estas ceremonias, Jesús implicó que el vino y el pan de la cena del Señor —la ceremonia principal de la iglesia cristiana— también se tomarán en el milenio como un recuerdo de su amor y de su muerte (Lc 22:16, 18, 30; Mt 26:29; Mr 14:25).

f. El nuevo pacto en el milenio.

Como hemos visto, todos estos pactos tienen su fundamento y están permeados por el pacto nuevo y eterno. De ahí que los pactos que hemos considerado más arriba como teniendo su más perfecto cumplimiento en el milenio, no son aquí sino expresiones del pacto eterno. Es evidente que cuando se prometió por primera vez el nuevo pacto estuvo claramente asociado con las condiciones mileniales como están descritas en las profecías del Antiguo Testamento, y prometidas en particular a los judíos cuando fueron restaurados a su tierra (Ez 36:19–28). No hay ninguna duda, por ejemplo, que la profecía de Joel (2:28–32) establece un poderoso derramamiento del Espíritu según los términos del nuevo pacto, e identifica este derramamiento, en cuanto al tiempo, con el principio del milenio, particularmente sobre el pueblo judío (Zac 12:10). Y esto de ningún modo contradice lo que dijimos en nuestro estudio sobre el período de la iglesia, es decir, que el nuevo pacto era el pacto para esa edad, porque el Espíritu Santo claramente enseña (Heb 8:7–13; 10:16, 17) que el nuevo pacto tiene un cumplimiento verdadero pero parcial en el período de la iglesia. "Esto es lo que fue dicho por el profeta Joel", dijo Pedro por el Espíritu Santo acerca del primer derramamiento del Espíritu en la era cristiana. Pero éste y otros derramamientos en la era cristiana no agotan la profecía de Joel. Ciertamente debemos esperar un poderoso y universal ("sobre toda carne") derramamiento del Espíritu Santo al principio de la era milenial.

Este pacto ofrece limpiar de todo pecado, dar un nuevo corazón y poner dentro el Espíritu de Dios; y como estas son las bendi-

ciones de Dios en la edad de la iglesia, también serán sus dones
para los que le reciban durante el milenio. Como este pacto se
manifestaba en la edad israelita y eclesiástica formando gente
santa, creando especiales tesoros para Dios, estableciendo un reino de sacerdotes, y dando sanidad a los enfermos, así será también en el milenio; en un sentido más amplio y completo el nuevo
pacto producirá los mismos resultados. Además de las primeras
tres cosas, vemos claramente que la enfermedad y las debilidades
serán extirpadas por lo menos de Palestina (Is 33:24; 35:5, 6). Na-
turalmente, con este pacto eterno en plena operación según sus
propios términos, y con todos los demás pactos de las diferentes
edades —que en verdad no son más que expresiones del nuevo—
ahora renovados y en plena manifestación, una gran mayoría de
los habitantes de la tierra se volverán a Dios y aprenderán justicia
(Sal 72; Is 11:9; 26:9; Zac 14:16–21; Mal 1:11).

4. EL FIN DEL MILENIO

Un notable comentario sobre la natural depravación del corazón humano lo encontramos en el resultado de estos mil años ex-
puestos a las más sanas de las influencias: Satanás encerrado,
Cristo y el Espíritu Santo reinando supremo. Al final del milenio,
Satanás será desatado por "un poco de tiempo" (Ap 20:3, 7–9), y
una vasta multitud le seguirá en rebelión contra Cristo en Jerusalén. Esta rebelión será de inmediato y totalmente dominada por
un fuego consumidor que descenderá del cielo y los devorará.
Este será el fin de la carrera terrenal de Satanás, porque ahora
será echado en el lago de fuego para ser atormentado para siempre jamás.

Y el término del milenio es también el fin de todos los períodos
terrenales y la consumación de los siglos. Después de rechazar a
Dios en este último período, en el cual se ha manifestado su irre-
sistible presencia para que el hombre acepte su gracia y vida eterna, ya no hay más esperanza para el hombre, sino sólo un horren-
do juicio. Dios prometió a Noé no destruir nunca más la tierra por
medio de agua; de manera que la destrucción ahora es por medio
del fuego (2 P 3:7–12; Ap 20:9). Como los que se salvaron en la
edad antediluviana se refugiaron en el arca contra el diluvio, del

mismo modo Dios protegerá a sus redimidos del fuego que renovará la tierra (Is 51:16).

Es aquí cuando se establece el gran trono blanco y los impíos muertos de todas las edades son traídos a juicio delante del Dios Todopoderoso (Ap 20:11–15). Los justos de los primeros seis períodos fueron juzgados durante la tribulación (Ap 11:18); y si algunos justos comparecen delante del gran trono blanco, serán los que se hubieran convertido durante la edad milenial. Este será el último juicio de todas las edades, y sus decisiones afectarán el destino eterno de todos los que todavía no hubieran sido juzgados.

Lección 12

LAS RESURRECCIONES, LOS JUICIOS Y EL ESTADO ETERNO

1. LAS RESURRECCIONES

Lázaro, la hija de Jairo y todos los casos parecidos, no fueron resurrecciones, sino simplemente restauraciones a la vida natural, para morir otra vez. Uno no puede morir después de que ha sido resucitado (Ro 6:9; Lc 20:36; Ap 19:20). Una resurrección es el revestir de nueva vida el germen de la antigua vida; es la creación de un cuerpo glorificado o espiritual del antiguo cuerpo mortal (1 Co 15:35–55; 2 Co 5:1–4; Job 19:25–27). Todos los muertos resucitarán (Jn 5:28, 29; Dn 12:2; 1 Co 15:22). Los justos tendrán al resucitar un cuerpo glorificado semejante al cuerpo glorioso de Cristo (Fil 3:21; 1 Jn 3:2; Ro 6:5). Los impíos tendrán un cuerpo resucitado (Ap 20:10; 14:9–11; 21:8).

a. La primera resurrección.

La primera resurrección es la de los muertos justos hasta la época de la segunda venida de Cristo (Ap 11:18; 20:6), y ocurre antes de la Gran Tribulación y durante ella, y en una progresión establecida (1 Co 15:23; Lv 23:10, 15–17), como sigue:

(1) Cristo, las primicias (1 Co 15:23; Col 1:18), y los que estuvieren con Él en aquel tiempo (Mt 27:52, 53).

(2) Los vencedores, o el "pan de los primeros frutos", "sacados de entre" los (cristianos) muertos (Fil 3:11; Heb 11:35; Lv 23:17; Ap 4:1–4).

(3) La "cosecha", la resurrección de los justos (Lv 23:22a; Lc 14:14; 1 Ts 4:16–17; 1 Co 15:51, 52; Ap 12:5).

(4) Las "espigas" de la última mitad del tiempo de la tribulación (Lv 23:22b; Ap 14:13–16; 15:2; 20:4).

b. La segunda resurrección.

La segunda resurrección en la de los impíos muertos, y tiene lugar al final del milenio, cuando la tierra será renovada por medio de fuego (Ap 20:5; 11:15).

2. LOS JUICIOS

La Biblia no nos habla en ninguna parte de un "juicio general" donde todas las gentes —santos y pecadores, muertos y vivientes, judíos y gentiles— aparecen ante un gran trono blanco, y donde todos sus pecados son leídos en alta voz y son apartados como las ovejas de los cabritos, entrando los unos al cielo y los otros siendo echados en el infierno. Esto, pues, no es bíblico, sino una errada mezcolanza de todos los juicios en uno, como teniendo lugar en este tiempo indeterminado cuando "el mundo tenga su fin".

a. El juicio del Calvario.

Si existe un juicio general de todo el mundo, éste tuvo lugar en el Calvario, cuando el Señor cargó con los pecados de todos los hombres (Jn 1:19; 1 Jn 2:2; 1 Ti 4:10). Pero siendo que este juicio será reconocido sólo a favor de los que aceptan sus beneficios, está por lo mismo limitado en sus alcances, siendo el juicio sólo de los que aceptan a Cristo como su Salvador personal (Jn 5:24). El Calvario es el lugar donde fueron juzgados y castigados los pecados confesos de los creyentes (Jn 12:31–33; 1 P 2:24), los cuales nunca más recordados (Heb 10:17).

b. Juicio propio.

Aparte de la confesión original que hace el creyente de sus pecados y de su aceptación de Cristo, constantemente debe hacer morir al viejo hombre (Ef 4:22), y considerarse a sí mismo muerto al pecado (Ro 6:11), juzgándose él mismo diariamente (1 Co 11:31–32). Este juicio que el creyente se forma de sí mismo actúa como la contraparte del tribunal de Cristo o juicio Bema, donde los pecados y carnalidades que el creyente no se ha juzgado, serán juzgados por el Señor; del mismo modo que el juicio del gran trono blanco, donde todos los hombres que no se aprovecharon del Calvario serán juzgados por el Señor. El juicio propio y el juicio Bema, sin embargo, tienen que ver sólo con las obras del creyente, mientras que el juicio del Calvario y el del gran trono blanco tienen que ver con la salvación eterna del alma.

c. El tribunal de Cristo.

El tribunal de Cristo (el juicio Bema), es el tribunal donde todos los cristianos (y solamente ellos) comparecerán para recibir juicio y recompensas por las obras hechas en el cuerpo (Ro 14:10–12; 2 Co 5:9, 10; Ap 11:18). Este no es un juicio para salvación, porque al creyente se le promete que no vendrá a tal juicio (véase Jn 5:24, donde se usa una distinta palabra para juicio que la empleada en 2 Co 5:10). Es más bien un juicio en cuanto a obras cristianas y frutos de vida cristiana (Mt 12:36, 37; 25:14–30; Lc 12:47, 48; 19:11–26; 1 Co 3:12–15; 9:24–27). El tiempo de este juicio claramente se señala como a la venida de Cristo, cuando tiene lugar la primera resurrección (Mt 16:27; Lc 14:14; 1 Co 4:5; 2 Ti 4:8; Ap 22:12). De manera que serán juzgados inmediatamente después de su resurrección. El lugar de este juicio es "en el aire" o en los cielos, desde donde también el Señor efectuará los juicios de la tribulación sobre los moradores impíos de la tierra (1 Ts 4:17; Ap 22:12).

d. El juicio sobre las naciones vivientes.

El cuarto de los grandes juicios que aparecen en la Biblia es el de todas las naciones que existan en la tierra cuando Cristo principie su reino milenial. Se llama el juicio sobre las naciones vivientes. No tiene que ver con el destino eterno; es simplemente una apreciación divina sobre la dignidad de las naciones que sobrevivan a la tribulación para continuar existiendo durante el milenio. La base de este juicio es el trato que hayan dado a sus hermanos, los judíos, y el lugar, al parecer, será el valle de Josafat (Jl 3:2), cerca de Jerusalén. La única descripción detallada de este juicio la encontramos en Mt 25:31–46. Este pasaje es entendido por algunos como refiriéndose a un juicio "general", al final de todos los tiempos, confundiéndosele con el juicio del gran trono blanco.

e. El juicio del gran trono blanco.

El quinto y último de los juicios es el del gran trono blanco, que tendrá lugar al fin de los siglos, después del milenio y del corto tiempo cuando Satanás será desatado, y aparentemente cuando la tierra sea renovada por fuego (Ap 20:5, 11–15; 2 P 3:7, 10–13). Por lo mismo, no tendrá lugar en la tierra, sino en el cielo mismo, ante el trono de Dios. Los que allí comparecerán serán los muertos impíos de todas las edades, y allí no sólo serán condenados para siempre al fuego eterno, sino clasificados según sus obras en la tierra. Así, este juicio será para los impíos lo que el juicio del Calvario y el juicio Bema serán para los justos: juicios sobre el destino eterno, y de rango y posición. Por el hecho de que el libro de la vida será abierto en este juicio, inferimos que los muertos justos del milenio también comparecerán en él. Esto parece muy probable, porque si un justo muere durante el milenio, no se menciona ningún otro juicio donde comparecería, y todos son llamados a juicio. La muerte, el último enemigo (1 Co 15:26), y el infierno (Hades), la morada intermedia de los impíos muertos, también serán echados en el lago de fuego, ya que no habrá pecado ni muerte en el estado eterno que aquí principia. También se deduce de Jud 6, que los ángeles caídos serán también juzgados en este último gran juicio.

3. EL ESTADO ETERNO

Después del juicio del gran trono blanco, y de la destrucción o renovación de la antigua tierra y los antiguos cielos, el Señor pondrá nuevos cielos y los fundamentos de la nueva tierra, ocultando a los suyos en la sombra de su mano mientras tanto (Is 51:16; 65:17; Ap 21:1). Entonces descenderá del cielo la novia, la esposa del Cordero, como la nueva Jerusalén (siendo ella el templo eterno del eterno Dios, Ef 2:19–22), y en la nueva Jerusalén, la ciudad cuadrada preparada para ella (Jn 14:2; Ap 21:16). Esta maravillosa ciudad de 2.400 kilómetros de largo, ancho y alto, toda de oro y llena de la gloria de Dios, será el hogar eterno de los santos premileniales, que son la esposa del Cordero (Ap 19:7–9).

Desde este centro, o asiento del gobierno, que probablemente estará arriba de la nueva tierra, reinarán por sobre los santos mileniales que constituirán los habitantes de la nueva tierra abajo (Ap 21:24, 26: 22:5). En este estado eterno, no existirá el diablo, ni la muerte ni el pecado, ni efecto de pecado, ni rastro de la maldición (Ap 20:10, 14; 21:4, 5, 27; 22:3, 15), porque la bendita redención, planeada por Dios antes de la fundación misma del mundo, estará ahora completa y totalmente realizada.

Lección 13

EL MUNDO
DE LOS ESPÍRITUS

INTRODUCCIÓN

Habiendo considerado ya los estados sucesivos de la existencia de la tierra misma, y los grandes períodos en el desarrollo del plan divino de la redención para el hombre caído, veamos ahora las condiciones que han existido en el misterioso mundo de los espíritus a través de las edades.

Obligadamente, nuestro estudio tendrá que ser muy limitado, debido a que la Escritura nos da muy poca información al respecto. Esta información podemos dividirla en tres grupos:
1) Espíritus buenos
2) Espíritus malos
3) Espíritus de seres humanos que han muerto.

1. ESPÍRITUS BUENOS (Heb 1:13, 14)

a. Origen.

Su existencia no es de un origen eterno, sino que en cierto momento fueron creados por Dios (Col 1:16; Neh 9:6). Este momento fue previo a la creación de la tierra, porque estaban presentes y se regocijaron en esa ocasión (Job 38:7). Debido al hecho de que ellos no mueren (Lc 20:35, 36), han vivido a través de todas las edades y existirán siempre. Son incontables (Heb 12:22; Ap 5:11), y generalmente sirven alrededor del trono de Dios (Dn 7:10), aunque van a todas partes a su mandato (Heb 1:14).

b. Grados de jerarquía entre ellos.

Las Escrituras nos hablan de serafines, querubines, arcángeles, ángeles, tronos, dominios, principados y potestades.

Se menciona una sola vez a los serafines en las Escrituras (Is 6:1–8), y, al parecer, ellos proclaman la santidad de Dios y proveen medios de purificación a los santos para prepararlos para el servicio.

Los querubines son vistos más frecuentemente (Gn 3:22–24; Éx 25:17–20; Ez 1:5–25; y Ap 4:6–8) según Scofield, parece que "tienen que ver con la vindicación de la santidad de Dios ante el orgullo presuntuoso de los hombres pecadores". Las dos últimas de las referencias dicen que los querubines son cuatro, dos de los cuales guardan el propiciatorio sobre el arca. Con relación a esto, debemos notar que en algún tiempo del remoto pasado, hubo otro querubín, "grande, cubridor", que ha andado "en medio de piedras de fuego" (Ez 28:14). A causa de su pecado, fue destruido como tal, y ahora no se le cuenta entre los querubines. Hay un solo arcángel, Miguel, mencionado por su nombre en las Escrituras (Jud 9; Dn 10:13, 21; 12:1; Ap 12:7). Como lo muestran Jud 9 y Dn 12:1, 2, su ministerio está relacionado con la resurrección de los muertos. Gabriel es el único otro ángel cuyo nombre se menciona (Dn 8:16; 9:21; Lc 1:19, 26).

Tronos, dominios, principados y potestades se supone que son otras jerarquías y órdenes de seres angélicos (Ef 1:21; 1 P 3:22; Col 1:16).

2. ESPIRÍTUS MALOS

(a) Satanás (Ap 12:9)

La Biblia abunda en declaraciones relacionadas con la existencia y personalidad de Satanás (1 P 5:8; Mt 12:24–30; Job 1:7; 2:2; etc. Hay un total de 174 citas). Pero no se nos habla claramente en ninguna parte sobre su origen. Por ser una creación de Dios, no puede haber existido eternamente (Col 1:16), ni pudo haber sido creado malo desde un principio por su santa mano (Gn 1:31). Por lo tanto, hubo un momento cuando se tornó malo. Lucas 10:18 nos da el testimonio de Cristo de haberlo visto caer, y Jn 8:44 parece implicar que antes era recto, cuando dice: "Y no permaneció en la verdad". Por lo tanto, es muy natural que creamos que el depuesto querubín de Ez 28:12–19 es ahora el Satanás de esta tierra. Este pasaje de Ezequiel y el de Is 14:12–14 son considerados por muchos eruditos y comentaristas bíblicos dignos de todo crédito, como representando el primer estado y la caída de Satanás.

La causa de la caída, como lo vemos en los dos pasajes citados, fue el orgullo ante su maravillosa belleza y la ambición de ser como el Altísimo (véase también 1 Ti 3:6). Esto tuvo lugar antes de la restauración de la presente tierra, porque al principio mismo de ello Satanás entró a la tierra con malignos poderes (Gn 3:1–5). Algunos creen que su caída y la de algunos ángeles con él, fue la responsable de la gran ira divina que vino sobre la tierra original reduciéndola al estado ruinoso que vemos en Gn 1:2. Esto, por cierto, implica que Satanás y sus ángeles eran los habitantes o gobernadores de la tierra original (véase Ez 28:13). Aunque inmediatamente después de pecar fue depuesto de su calidad de querubín, parece que su poder y libertad no han sido limitados (Jud 9; Ap 12:10).

Las relaciones de Satanás con la presente tierra están presentadas en pasajes tales como Lc 4:5, 6; Ef 2:2; 2 Co 4:4. El es el dios de este siglo, y el príncipe de la potestad del aire. Encabeza un reino que está en contra del reino de Dios y de Cristo (Hch 16:18; Col 1:3), y tiene imperio sobre la muerte (Heb 2:14). La destrucción del poder de Satanás y su control sobre esta tierra fue obtenido en el Calvario (Jn 12:31); sin embargo, ello se hará efectivo sólo por:
(1) la guerra en el cielo en el tiempo de la tribulación, que terminará con su expulsión a la tierra (Ap 12:7–9);
(2) su encerramiento en el abismo por los mil años del reinado de Cristo sobre la tierra (Ap 20:1–3), y
(3) su lanzamiento al lago de fuego al final del milenio (Ap 20:10).

b. Ángeles caídos.

Hay dos clases de ángeles caídos; los asociados con Satanás (Mt 25:41; Ap 12:7), y los reservados debajo de obscuridad en prisiones eternas (Jud 6; 2 P 2:4). Los primeros de éstos son sin duda alguna sus subordinantes en su dominio sobre el mundo y ocupan puestos de autoridad entre las naciones y las gentes (Dn 10:13, 20; Is 24:21). "El príncipe del reino de Persia" detuvo al mensajero de Dios por veintiún días, y "el príncipe de Grecia" vino a su vez contra él. Parece que el único ángel celestial con jurisdicción sobre una nación es Miguel, el gran príncipe que está por los hijos de Israel (Dn 12:1; 10:21). Estos ángeles son los principados y potestades, los gobernadores de estas tinieblas y las malicias espirituales en los aires de que nos habla el apóstol Pablo como los enemigos contra los cuales los cristianos deben luchar en oración (Ef 6:12). Estos ángeles pelean con Satanás contra Miguel y sus ángeles en la gran guerra en el cielo descrita en Ap 12:7–9, y son echados con él en la tierra. Siendo que el fuego eterno fue preparado para el diablo y sus ángeles (Mt 25:41), podemos concluir que este será el destino final de los ángeles malignos por toda la eternidad.

La otra clase de ángeles caídos es sin duda culpable de un pecado mayor que el que cometieron los ángeles del diablo, o bien tienen un poder más grande que el que el Señor permite que se ejercite sobre la tierra. Porque no se les permite ninguna libertad, sino que están reservados debajo de obscuridad en prisiones eternas para el gran día del juicio. Su pecado fue el de no guardar su dignidad y dejar su habitación (su medio de vida y ministerio), su primer estado (Jud 6). El lugar de su reclusión es "Tártaro", que algunos clasifican como un "infierno" completamente aparte, pero que puede ser claramente reconocido como el abismo. Serán juzgados sin duda con relación a el juicio del gran trono blanco del último día (Jud 6).

1 Co 6:3 es un firme fundamento para creer que los santos participarán en el juicio contra los ángeles, ya sea de estos últimos o de los identificados como "ángeles del diablo", o posiblemente de ambas clases de ángeles.

c. Demonios.

Los demonios (comúnmente llamados "diablos"), deben ser distinguidos del diablo y de los ángeles caídos. La palabra griega para el diablo, o Satanás, es *ho diabolos*, y nunca se usa en plural. Se aplica únicamente a Satanás (Ap 12:10; 20:2). Siempre que encontramos esta palabra en plural, o sea, "diablos", en nuestra Biblia castellana, debemos tener presente que en el original no dice *ho diabolos*, sino *daimonia*, la palabra que se usa para demonios. Hay un solo diablo, pero muchos demonios. Las palabras castellanas espíritu, espíritu inmundo, espíritu malo, etc. son por lo general traducciones de la misma palabra *daimonia* (Mt 8:16; Lc 10:17, 20; Mt 17:18; Mr 9:25; Lc 8:2, 3), y pueden ser todas traducidas como "demonios".

La diferencia que hay entre los demonios y los ángeles caídos es que los primeros son espíritus sin cuerpo, mientras que los últimos están revestidos de un cuerpo espiritual (Lc 20:36). Es indudable que los demonios son espíritus sin cuerpos, porque continuamente están procurando entrar a los cuerpos de los hombres, para usarlos como los suyos propios (Mr 9:25; Mt 12:43–45), y aun habitarán los cuerpos de los puercos (Mt 8:31). Algunos creen que los demonios son los espíritus de los hombres de la raza pre-adámica, que fueron separados de sus cuerpos por la gran catástrofe que destruyó la tierra original y los cuerpos de sus habitantes; y que por esto es que procuran habitar otra vez en cuerpos en la tierra donde una vez vivieron (véanse *Dispensational Truth*, por Larkin, y *Earth's Earliest Ages* por Pember).

Estos demonios son el "espíritu familiar" de la antigua hechicería —prohibida por Dios bajo pena de muerte— y los "muertos personificados" del espiritismo moderno. Parecen estar relacionados en alguna manera con el abismo, porque piden que no se les envíe allí (Lc 8:31); también de este abismo en la gran tribulación, saldrá una gran cantidad de demonios encarnados en la semejanza de langostas (Ap 9:1–3). En cuanto a su destino final, sabemos únicamente que se les destinará a un lugar de tormento (Mt 8:29), presumiblemente, el lago de fuego y azufre.

3. ESPIRÍTUS DE SERES HUMANOS QUE HAN PARTIDO

a. Los hombres muertos.

Todos los muertos son divididos en dos clases en las Escrituras: los justos y los impíos (Dn 12:2; Jn 5:28, 29). Ya hemos considerado la resurrección de sus cuerpos, de manera que ahora nos ocupamos de lo relacionado con la morada de sus espíritus hasta el día de la resurrección, y después de la resurrección. La Biblia enseña que las almas de todos los hombres, al morir, no van a su final y eterno lugar, sino que permanecen en moradas intermedias y temporales hasta que llegue el día del juicio. De allí pasan, después de los diferentes juicios, al cielo o al infierno eterno, la morada final de todas las almas.

b. Los justos muertos.

Desde los días de Adán hasta el día de la resurrección de Cristo, todas las almas de los justos fueron a morar al paraíso, que era entonces un departamento en las regiones inferiores de la tierra, o Seol. Samuel, perturbado de su descanso en la muerte, salió de las profundidades de la tierra (1 S 28:11–14). En este paraíso estaba Abraham con Lázaro en su seno; sin embargo, podía conversar con el hombre rico que sufría el tormento de los impíos, existiendo sólo una gran sima que les separaba (Lc 16:18–21). Jesús dijo al ladrón en la cruz: "Hoy estarás conmigo en el paraíso" (Lc 23:43); y Él mismo enseñó que a su muerte descendería al "corazón de la tierra" (Mt 12:40). Por lo tanto, el paraíso donde Él y el ladrón moribundo fueron, estaba en el corazón de la tierra.

Pero cuando subió a los cielos, llevó cautiva la cautividad (o "a una multitud de cautivos", Ef 4:8–10) —que eran sin duda las almas de los justos muertos y que descansaban en el lado del paraíso del Seol— transfiriendo así el paraíso de las regiones inferiores de la tierra a las regiones celestiales. Hubo aun algunos que resucitaron en esa ocasión (Mt 27:52, 53). Cristo dijo que las puertas del Hades (la palabra griega para Seol, este lugar donde han ido todos los muertos), no prevalecerían o se cerrarían sobre su iglesia, y el traslado de los justos muertos que allí moraban efectuó este triunfo (Mt 16:18). "¿Dónde está, oh muerte, tu aguijón? ¿dónde, oh sepulcro, tu victoria?" (1 Co 15:55).

El paraíso es todavía, por cierto, el nombre del lugar de los espíritus de los justos muertos, pero su sitio está ahora en el tercer cielo (2 Co 12:1–4). El paraíso está en la presencia de Cristo (2 Co 5:8; Fil 1:23); y ya que Él está sentado a la mano derecha de su Padre (Heb 12:2; Ap 3:21), el paraíso por lo tanto está en la inmediata presencia de Dios (véase Ap 6:9). Los santos no "duermen" en este paraíso en el sentido de estar inconscientes, sino que son "consolados" (Lc 16:25), un estado consciente de felicidad en contraste con el sufrimiento real consciente de los impíos en el Hades. Pueden dar gritos a grandes voces (Ap 6:9–10), lo que implica, por cierto, que tienen sus facultades despiertas. El estar con Cristo se dice que es "mucho mejor" que nuestra condición actual (Fil 1:23), y no podríamos decir que un estado de inconsciencia sea mejor que nuestro estado consciente. Pero las almas de "los que durmieron en Jesús", "traerá Dios con él" cuando Él venga (1 Ts 4:14). Éstos, reunidos con sus cuerpos, pasarán al juicio Bema y a la cena del Cordero, para reinar en seguida con Cristo por mil años de paz. La nueva Jerusalén, el lugar que Él ha ido a preparar (Jn 14:2), será su hogar por toda la eternidad, y puede ser también su residencia durante el milenio (Ap 21 y 22).

c. Los impíos muertos.

Desde los días de Adán hasta los tiempos del juicio del gran trono blanco al final del milenio, las almas de los impíos que han muerto van a los lugares inferiores de la tierra, a un lugar llamado *Seol* en hebreo, *hades* en griego e infierno en castellano. Sin embargo, éste no es el infierno final, sino solamente el lugar temporal donde van las almas hasta el juicio del último día. Desgraciadamente, las palabras *Seol* y *Hades*, no han sido traducidas correctamente en las versiones castellanas. De las 65 veces que la palabra *Seol* aparece en el Antiguo Testamento, 20 veces ha sido traducida "infierno", 39 veces "sepulcro", y 3 veces "profundo". Y de las 11 veces en que aparece la palabra *Hades* en el Nuevo Testamento, 10 veces se le traduce como "infierno" y como "sepulcro" una sola vez (1 Co 15:55). Pero Seol y Hades no significan sepulcro ni abismo, sino solamente el "lugar de los espíritus que han partido". Antes de la resurrección de Cristo, era de los espíritus de los buenos y malos que habían partido; y después de su resurrección, solamente el lugar de los espíritus de los malos. La palabra hebrea para "sepulcro" es *Queber*, y si observamos en el Antiguo Testamento, veremos que *Queber* figura en plural 29 veces, y *Seol* sólo en singular. Se habla del cuerpo como yendo a *Queber*, 37 veces y nunca al *Seol*. Se ubica a *Queber* en la tierra 32

veces; lo que nunca acontece con el *Seol*. De un sepulcro individual, o *Queber*, se habla 44 veces; pero del *Seol* se menciona como
algo que es general, para todos, y nunca en forma particular,
como un *Seol* individual. Se indica 33 veces que las personas son
puestas en un *Queber* por los hombres, pero Dios solamente puede arrojar en el *Seol*; se habla del hombre que cava o hace el *Queber* 6 veces pero no hay ninguna referencia a que se haga o cave un
Seol por un hombre. Esto prueba que sólo *Queber* —y no *Seol*—
debe ser traducido "sepulcro".

Se menciona en las Escrituras otro lugar en las regiones inferiores de la tierra (Job 26:6; Sal 38:11; Pr 27:20; Lc 8:31; Ap 9:1–11;
17:8; 20:1–3), llamado *Abadón* en hebreo y *abussos* en griego, traducido como "destrucción" en el Antiguo Testamento y como "lo
profundo" o "el abismo" en el Nuevo Testamento. Después de explicar los pasajes que usan el término, el Dr. Seiss concluye: "Abadón y el abismo parecerían, por lo tanto, ser la morada de los demonios, un abismo más profundo que el Hades, donde los más
impíos y degradados de los hombres muertos, y otros espíritus in-
mundos de la más baja suerte, son guardados como sombríos pri-
sioneros hasta el día del juicio". El Tártaro mencionado en 2 P
2:4, donde los ángeles caídos son preservados bajo obscuridades,
parecería ser este abismo profundo.

Al tiempo del juicio del gran trono blanco, la muerte y el Hades
sueltan a los muertos que yacen en ellos, y la muerte y el Hades
son echados al lago de fuego (Ap 20:13, 14). Los muertos que han
estado en el Hades, habiendo sido sacados para aparecer con sus
cuerpos resucitados en el juicio, son echados también en el lago
de fuego. Este es el tercer "infierno" de que nos hablan las Escrituras, aunque este último puede llamarse así con propiedad,
como *el* verdadero y último infierno. La palabra hebrea para este
lugar, como se usa en el Antiguo Testamento, es *Tofet* (Is 30:33;
Jer 7:31, 32) y la palabra griega, Gehenna (Mt 5:22, 29, 30; 10:26;
23:14, 15, 33). La palabra *Gehenna* es la expresión griega para "el
valle del Hinnom", donde se echaban las basuras, desperdicios,
cadáveres de animales, y los cuerpos insepultos de los criminales,
y donde ardía un fuego continuo. De modo que el origen de la palabra es figurado, aunque su uso (once veces por el Señor mismo)

es en todas partes literal. Ya que el Hades será echado en el lago de fuego, y ya que los ángeles mismos serán juzgados en el gran día, podemos concluir que el abismo será también echado al lago de fuego para haber allí un solo infierno eterno. Esto está confirmado por Mt 25:41, donde se dice que los ángeles y los impíos estarán destinados a sufrir juntos. Este infierno será eterno en duración (Ap 14:9–11; 19:3; 20:11), porque los impíos sufrirán tanto tiempo como gocen los justos (Mt 25:46), y tanto como Dios mismo dure (véase Ap 10:6 y compárese con 14:9–11).

PREGUNTAS PARA EL ESTUDIO

Lección 1

1. ¿Cómo es que la Biblia es la única esperanza para el hombre y las naciones?
2. ¿Qué fue lo que trajo al mundo el caos que hoy vemos?
3. ¿Qué significa trazar bien la palabra de verdad?
4. ¿Cuál es la columna vertebral de la Biblia?
5. ¿De cuáles tres cosas trata este libro?
6. ¿Mencione cuatro grandes crisis en la historia de la tierra en que tuvieron lugar grandes cambios.
7. ¿Cuáles son los distintos períodos de la existencia de la tierra?
8. Mencione tres cosas que acontecieron antes que la tierra fuera formada.
9. Indique los principales factores de nuestro mundo que Dios introdujo en Gn 1:1.
10. ¿Qué es lo que este versículo declara que es eterno?
11. Mencione dos teorías acerca de la creación.
12. ¿Qué es lo que enseña una de estas teorías?
13. Indique por lo menos tres argumentos en apoyo de la segunda teoría.
14. Describa la tierra en estado de caos, mencionando por lo menos cuatro aspectos.
15. ¿Qué enseñanza de la geología está confirmada por la descripción bíblica del caos de la tierra?

Lección 2

1. Pruebe que los días de Gn 1 fueron o no fueron períodos de 24 horas.

2. ¿Qué es lo que prueba el hecho de que todas las clases de plantas y animales fueron hechas "según su género"?
3. ¿Cuál fue el confeso motivo que hubo para inventar la teoría de la evolución?
4. Defina esta teoría de la evolución.
5. ¿La existencia de qué da por sentado la evolución?
6. Compare esto con la declaración bíblica acerca de los principios.
7. ¿En qué consiste la evolución cósmica?
8. ¿Cómo se puede refutar?
9. ¿Cuáles son los dos hechos de la vida y la naturaleza hoy que no dan muestras de evolución?
10. Mencione por lo menos tres eslabones perdidos en la evolución.
11. ¿Sobre qué teoría están basadas las enseñanzas sobre el hombre "primitivo? y las edades "prehistóricas"?
12. ¿Cuál es la característica más destacada de la tierra edénica?
13. ¿Cuál era la dieta del hombre y de los animales?
14. Mencione dos ríos y dos árboles del huerto del Edén.
15. ¿Qué cambios produjo la caída en los animales y en la naturaleza?
16. ¿Hasta cuántos años alcanzaba la vida humana en la edad antediluviana?
17. Explique por qué hubo cambios en la superficie de la tierra en el diluvio.
18. ¿Qué perturbaciones habrá en la naturaleza al final de la edad postdiluviana?
19. ¿Qué cambios físicos ocurrirán en la tierra de Palestina al principio del milenio?
20. ¿Cómo serán afectados los animales y la naturaleza por el milenio?
21. ¿Qué gran desastre experimentará la tierra al final del milenio?
22. Compare la nueva tierra con la tierra edénica por lo menos en tres sentidos.

Lección 3

1. ¿Qué es un período bíblico o dispensación?
2. Mencione los siete períodos en que se dividen los tiempos.
3. Indique los acontecimientos que marcarán el principio y el fin de cada uno.

4. Mencione los siete factores que caracterizan a todos los períodos.
5. ¿Qué papel desempeña el pacto en un período?
6. ¿Cuál es la palabra clave para la edad edénica?
7. Mencione dos hechos sobre el estado del hombre antes de la caída.
8. Indique los aspectos del lado divino del pacto edénico.
9. ¿Cuáles eran los aspectos del lado humano?
10. ¿Por qué fue necesario que Dios pusiera una prohibición en su pacto?
11. ¿Qué criatura era entonces la más sutil y, posiblemente, la más hermosa?
12. ¿Qué hizo esta criatura?
13. ¿Cuál es el filo de la cuña del pecado?
14. ¿Quién estaba detrás del plan de la serpiente?
15. ¿Cuál fue la tentación de Eva?
16. Mencione los pasos en la caída del hombre.
17. ¿Cuál fue la primera consecuencia de la caída del hombre?
18. ¿Qué aconteció en la caída a la comunión del hombre con Dios?
19. ¿Qué relación con Cristo tenía el hombre antes y después de la caída?
20. ¿En qué sentido el hombre murió cuando pecó?
21. ¿Qué aconteció a su naturaleza moral cuando el hombre cayó?
22. ¿Qué cambio se operó en su inteligencia?
23. ¿A qué quedó expuesto ahora su cuerpo?
24. ¿En qué sentidos fueron las consecuencias más duras para la mujer que para el hombre?
25 ¿Qué maldición recibió la serpiente?
26. ¿Por qué fue separada del árbol de la vida la pareja culpable?
27. ¿Qué rayo de esperanza hubo en esta situación?
28. ¿Qué aconteció entonces, que puede ser tomado como símbolo del Redentor?

Lección 4

1. ¿Cuál es la palabra clave para la edad antediluviana?
2. ¿Cuál era la relación que tenía el hombre con Dios al principio de la edad antediluviana?
3. ¿Qué relación tenía con Satanás?

4. ¿Cuál era el estado de su voluntad?
5. ¿Cuál fue la promesa de Dios en el pacto con Adán?
6. ¿Cómo se refiere Dios a esta provisión que hizo en la conversación que tuvo con Caín?
7. ¿Cuál fue el lado humano del pacto con Adán?
8. ¿Cómo debía el hombre expresar su fe en la promesa de un Redentor?
9. ¿Qué calidad de su corazón manifestó Abel al ofrecer el sacrificio de sangre?
10. ¿Por qué no fue aceptada la ofrenda de Caín?
11. ¿Qué divisiones de la humanidad de hoy están representadas en las ofrendas de Caín y Abel?
12. Mencione dos hombres del linaje santo en la edad antediluviana.
13. Mencione dos hombres del linaje impío en esa edad.
14. ¿Con qué linaje se relaciona la música?
15. ¿Qué linaje produjo hábiles artífices en metal y hierro?
16. ¿Quién edificó la primera ciudad?
17. ¿Qué altura espiritual alcanzó Enoc?
18. ¿Qué nos dice Hebreos 11 sobre el secreto de su desarrollo espiritual?
19. ¿Llegó el linaje santo a tener un nombre distintivo?
20. ¿Qué sucedió a la distinción entre los dos linajes hacia el fin de esta edad?
21. Tan grande fue la apostasía del linaje santo que ¿cuántos justos habían al final de esta edad?
22. ¿Les advirtió Dios de la aproximación del juicio?
23. ¿Cuántos años de prueba le dio Dios al hombre?
24. ¿Qué fue de la civilización antediluviana?
25. ¿Quiénes únicamente sobrevivieron al juicio de Dios?

Lección 5

1. ¿Cuál es la palabra clave de la edad postdiluviana?
2. ¿Quién fue el padre de la edad postdiluviana?
3. ¿Por medio de qué persona pudo Noé saber los acontecimientos de la vida de Adán?
4. Mencione los dos estímulos que tuvo el nuevo mundo para una vida santa durante la vida de Noé.

5. ¿Qué nombre se da al pacto de la edad postdiluviana?
6. Desde el lado divino de este pacto, ¿qué prometió Dios acerca de la destrucción de la tierra?
7. ¿Qué señal puso Dios de que esta promesa se cumpliría?
8. ¿Qué cambios se produjeron en la naturaleza con el pacto con Noé?
9. ¿Qué referencia al Calvario hay aquí en este pacto?
10. ¿Hubo algún gobierno humano en la edad antediluviana?
11. ¿A qué extremos llevó esto?
12. ¿Qué restricciones puso Dios para el pecado en la edad postdiluviana?
13. ¿Cuál es la más alta función del gobierno humano?
14. ¿Está el gobierno humano ordenado por Dios?
15. ¿Es bíblica hoy día la pena capital? Pruebe su respuesta.
16. ¿Cuál fue el lado humano del pacto con Noé?
17. Mencione tres factores que prueban que el pacto con Noé es más amplio que el que hizo con Adán.
18. ¿Cuál fue el esfuerzo de Dios al hacer esta ampliación?
19. ¿Está en vigencia todavía el pacto con Noé?
20. ¿Qué indicación hay en el pacto con Noé en cuanto a la línea de la cual vendría el Mesías?
21. ¿Cumplieron los hombres con su parte en el pacto con Noé?
22. ¿Cómo manifestaron su actitud?
23. ¿Qué hizo Dios para impelirles a la obediencia?
24. ¿Fueron las muchas lenguas el resultado de la dispersión de los hombres sobre la tierra?
25. ¿Cómo tuvieron su origen las distintas lenguas que tenemos hoy día?
26. ¿Cuándo dio Dios otra vez, instantáneamente, muchas lenguas a los hombres?
27. ¿Habrá alguna vez un tiempo cuando exista una sola lengua para todos?
28. ¿En qué tiempo aconteció la dispersión en Babel?
29. ¿Quién fue el líder en la rebelión de Babel?
30. ¿Qué más hizo aparte de levantar la torre de Babel?
31. ¿Cuál es la actitud divina frente a la construcción de imperios?

32. ¿Qué hombre —cuyo nombre lleva un libro de la Biblia— vivió en ese tiempo?
33. ¿Quién será el último constructor de imperios, a quién Dios destruirá al final de esta edad?

Lección 6

1. ¿Cuál es la palabra clave del período patriarcal?
2. Mencione los tres sub-períodos de la era postdiluviana.
3. ¿Cuánto tiempo después del diluvio principió el período patriarcal?
4. ¿En qué pecado incurrió el linaje santo de Sem?
5. ¿Cuál era el hogar primitivo de Abraham?
6. ¿Cuántos años duró el período patriarcal?
7. ¿Qué pacto gobernó a este período?
8. Mencione cuatro aspectos del lado divino de este pacto.
9. ¿Cuál fue el lado humano de este pacto? Mencione cinco hechos que manifiestan su fe en el pacto.
10. Mencione tres propósitos principales en el llamamiento de Abraham.
11. ¿Cuáles fueron los pasos de fe por medio de los cuales Abraham llegó a ser "amigo de Dios"?
12. ¿Cuál fue la simiente de Abraham?
13. Mencione dos grupos principales de los descendientes de Abraham.
14. ¿Cómo podemos nosotros decir en nuestros días que Abraham es nuestro padre?
15. ¿Levantó Dios al pueblo judío para hacerlo una nación favorita o para usarlo como un conducto para bendecir a todas las naciones?
16. ¿Cuándo estarán juntos el Redentor y los judíos en servicio universal?
17. ¿Cuál es el propósito final al elegir Palestina como el hogar de los judíos?
18. ¿En qué se diferenciaba el pacto con Abraham de los que le precedieron?
19. ¿De qué es una figura el período patriarcal?

Lección 7

1. ¿Cuál es la palabra clave del período israelita?
2. Muestre cómo el pacto edénico es un pacto de "obras".
3. Si el segundo Adán cumplió el lado humano del pacto edénico, ¿qué hará Dios por su parte?
4. ¿Cómo se manifestó el lado humano del pacto con Adán?
5. ¿Por qué podemos contar como seguro el lado divino del pacto con Adán?
6. ¿Cuándo cumplirá Dios su parte?
7. ¿Qué sucederá con el lado divino del pacto con Noé?
8. ¿Es todavía condicional el lado divino del pacto con Abraham?
9. ¿Qué parte de este pacto no se había cumplido al principio del período israelita?
10. ¿Cuál fue el primer paso que Dios dio para cumplir el pacto con Abraham en esta edad?
11. ¿Para quienes se hizo el pacto con Moisés?
12. ¿Cuáles son los dos linajes de Abraham que están incluidos en este pacto?
13. ¿Qué relación tiene el pacto con Moisés con el hecho con Abraham?
14. Indique cuatro formas en que esta relación es apreciada.
15. ¿Cuál era el lado divino de este pacto con Moisés?
16. ¿Cómo podían los gentiles participar de los pactos con Abraham y Moisés?
17. ¿Quién era el rey de Israel en el tiempo del pacto con Moisés?
18. ¿Cuál sería la relación de los israelitas con el resto del mundo?
19. Distinga los aspectos del lado humano de este pacto.
20. ¿Cuáles eran las tres finalidades del tabernáculo?

Lección 8

1. ¿Se salvaban los judíos por las obras de la ley?
2. ¿Era la ley el camino de vida o el camino para la vida?
3. ¿Qué mostraban los judíos piadosos al llamar a Dios su Redentor?
4. Mencione dos formas en que la ley fue recibida.
5. Señale tres propósitos definidos de la ley.
6. ¿Hasta qué acontecimiento servirá la ley?
7. Cite cinco pasajes bíblicos para probar cuándo terminó la ley.

8. ¿Cumplió Israel el lado humano del pacto con Moisés?
9. ¿Qué sucedió con los diez mandamientos cuando vino Jesús? ¿Con las ordenanzas? ¿Con los juicios?
10. Mencione los dos lados del pacto con David.
11. ¿Cuál era la "señal" del pacto con Moisés? ¿Del pacto con Noé? ¿Del pacto con Abraham?
12. Mencione la duración (entre qué acontecimientos) del pacto con Moisés, y su alcance.
13. Indique cinco propósitos de Dios por medio de los judíos.
14. ¿Se cumplieron estos propósitos?
15. ¿Cómo terminó este período?

Lección 9

1. ¿Cuál es la palabra clave del período eclesiástico?
2. ¿Con qué hijos de Abraham trata el período patriarcal? ¿con los israelitas?
3. ¿Con qué otros hijos de Abraham trataría el período eclesiástico?
4. Trace la línea del Mesías desde Gn 3:15 hasta su nacimiento, por medio de cinco sucesivas profecías.
5. ¿Qué haría el Mesías como "la simiente de la mujer"?
6. ¿Como profeta semejante a Moisés?
7. ¿Como "simiente de Abraham"?
8. ¿Como hijo de David?
9. ¿Cuál fue la relación de Cristo con los símbolos y figuras de la ley?
10. ¿Con las profecías de los Salmos y de los profetas?
11. ¿Cumplió Él las partes que faltaban del pacto con Abraham?
12. ¿Qué otro pacto había sido prometido por medio de los profetas del Antiguo Testamento?
13. ¿Quién trajo este pacto cuando estaba por cumplirse?
14. Explique la relación que tiene el nuevo pacto, o testamento, con la muerte de Cristo.
15. ¿Cuándo se hizo efectivo el nuevo pacto?
16. ¿Cuáles eran los aspectos del lado divino de este pacto?
17. ¿Cuál fue el lado humano de este pacto?
18. ¿Cómo debía el hombre expresar su parte?
19. ¿Para quiénes eran las estipulaciones de este pacto?

20. ¿Qué relación tiene el nuevo pacto con el pacto con Adán?
21. ¿Con el pacto con Abraham? ¿Con el de Moisés?
22. ¿Cuál era el propósito divino en el período eclesiástico?

Lección 10

1. ¿Hay algún sentido en que podemos decir que la iglesia existió desde los días de Abel?
2. ¿Quiénes fueron miembros de la iglesia en el Antiguo Testamento?
3. ¿Quiénes son los hijos de Abraham por la fe?
4. ¿Cuál fue el misterio relacionado con la iglesia que fue revelado a Pablo?
5. ¿Qué fue lo que decidió el concilio de Jerusalén (Hch 15) con relación a la incorporación de los gentiles al cuerpo de Cristo?
6. ¿Cuál fue el "tronco" original de la iglesia? ¿judío o gentil?
7. Enumere las formas en que la iglesia era nueva en el día de Pentecostés y después.
8. ¿Por quiénes está constituida la iglesia en el período eclesiástico?
9. ¿La visión de la iglesia ahora era nacional o internacional?
10. ¿Cuál fue ahora el mensaje de la iglesia?
11. ¿En qué consistía el poder que tenía para proclamar el mensaje del nuevo pacto?
12. ¿Tiene Dios el propósito de convertir al mundo en el período eclesiástico?
13. Compare la relación de los judíos y de la iglesia con el mundo.
14. ¿Cómo se denominan las revelaciones que Dios hizo a los judíos y a la iglesia?
15. Compare el pacto con Moisés con el nuevo pacto. Dé cinco puntos.
16. ¿Qué partes de la Biblia se dieron en cada una de los dos períodos?
17. Mencione otros siete puntos en que el período israelita es semejante al eclesiástico.
18. ¿Cuáles son los cuatro períodos que terminan simultáneamente a la segunda venida de Cristo?
19. ¿Cuál será la principal característica del fin de esta edad?
20. ¿Qué parte de la iglesia será juzgada durante la tribulación?

21. ¿Por qué se llama a la tribulación "tiempo de angustia para Jacob"?
22. ¿Qué se entiende por "los tiempos de las gentes"?
23. ¿Cuándo será el día de su ira?

Lección 11

1. ¿Cuál es la palabra clave de la edad del milenio?
2. ¿En cuántos años se traslapan la edad postdiluviana y la del milenio?
3. ¿Qué le ocurrirá a la población de la tierra durante la tribulación?
4. ¿De qué manera aumentará esa población al retorno de Cristo?
5. ¿Qué les ocurrirá a los judíos cuando retorne el Señor Jesucristo?
6. ¿Qué presenciará el milenio con respecto a todos los pactos anteriores?
7. ¿De qué manera entrará en operación el pacto edénico durante el milenio?
8. ¿Qué cambios se producirán en los animales y en la naturaleza durante el milenio?
9. ¿De qué manera se cumplirá el pacto adámico cuando retorne Jesús?
10. ¿Hasta dónde se cumplirá la redención durante el milenio?
11. ¿En qué sentido se cumple entonces el pacto de Noé?
12. ¿En qué sentido se cumple el pacto davídico?
13. ¿Qué ciudad será el centro del gobierno mundial?
14. ¿Dónde figura la guerra durante el milenio?
15. ¿Habrá pecado durante el milenio? Justifique su respuesta.
16. ¿Cuáles serán entonces los límites de Palestina?
17. ¿Ocuparán las tribus de Israel su antigua porción histórica de Israel? Si no es así, ¿cuál será su territorio?
18. ¿Dónde se construirá el templo durante el milenio?
19. ¿Aproximadamente cuánto tiempo durará la vida humana entonces?
20. Explique la renovación de los sacrificios de sangre del pacto mosaico durante el milenio.
21. ¿Qué prácticas del milenio recordarán el Calvario? Son dos.

22. ¿Por qué podemos esperar un gran derramamiento del Espíritu durante el milenio?
23. ¿Hasta qué punto la provisión de sanidad será efectiva entonces?
24. ¿Cuál será el efecto espiritual de estas condiciones en el pueblo de la tierra?
25. ¿Qué ocurrirá inmediatamente después del milenio?
26. ¿Qué éxito tendrá Satanás?
27. ¿Qué ocurrirá con respecto a su rebelión?
28. ¿Qué es lo que revela esta experiencia y demuestra con respecto al corazón del hombre?
29. ¿Qué le ocurrirá a la tierra al final de los siglos?
30. ¿Qué le seguirá entonces en calidad de gran acontecimiento en los cielos?

Lección 12

1. ¿Fueron Lázaro y la hija de Jairo resucitados o restaurados a la vida natural?
2. ¿Cuál es la diferencia?
3. ¿Qué proporción de los muertos serán resucitados?
4. ¿Qué acontecerá a los impíos muertos?
5. ¿Quiénes aparecerán en la primera resurrección?
6. ¿Cuándo acontecerá?
7. Indique el orden que habrá en esta resurrección.
8. ¿Quiénes aparecerán en la segunda resurrección?
9. ¿Cuándo acontecerá?
10. ¿Habrá un juicio general en que todos los hombres serán juzgados? Confirme su respuesta con algunos argumentos.
11. ¿En qué sentido fue un juicio el Calvario?
12. ¿En qué sentido el creyente se juzga a sí mismo?
13. ¿En qué consiste el juicio Bema?
14. ¿Quiénes aparecerán delante del tribunal de Cristo?
15. ¿Qué se juzgará allí y qué estará en juego?
16. ¿Cuándo tendrá lugar este juicio?
17. ¿Dónde tendrá lugar?
18. ¿Cuál es el juicio de las naciones vivientes?
19. ¿Tiene que ver con el destino eterno? Pruebe su respuesta.
20. ¿Cuál es la base de este juicio?

21. ¿Dónde tendrá lugar?
22. ¿Dónde se describe este juicio en la Biblia?
23. ¿Cuál es el último de los grandes juicios?
24. ¿Cuándo tendrá lugar?
25. ¿Quiénes serán juzgados allí?
26. ¿Dónde tendrá lugar?
27. ¿Cuáles serán sus resultados?
28. ¿Cuáles son los dos juicios que tienen que ver con la salvación eterna?
29. ¿Cuáles tienen que ver únicamente con las obras?
30. ¿Qué sucede inmediatamente después del juicio del gran trono blanco?
31. ¿Qué dimensiones tiene la nueva Jerusalén?
32. ¿Quiénes son sus habitantes?
33. ¿En qué se ocuparán?
34. ¿Sobre quiénes gobernarán?
35. ¿Qué es lo que entonces tendrá allí su pleno cumplimiento?
36. ¿Cuánto durará esta situación?

Lección 13

1. ¿Cuáles son las tres divisiones principales de este estudio?
2. ¿Existieron siempre los buenos espíritus?
3. ¿Morirán alguna vez?
4. ¿Cuántos son?
5. ¿Cuál es el centro de sus actividades?
6. Mencione siete clases de ángeles.
7. ¿Cuántos querubines existen?
8. ¿Cuál fue su número primitivo?
9. ¿Cómo se llama el único arcángel?
10. ¿Cuál es su ministerio?
11. ¿A qué otro ángel se menciona?
12. ¿Ha existido siempre Satanás?
13. Mencione un pasaje de las Escrituras que nos hable de su caída.
14. ¿Qué causó su caída?
15. ¿Ocurrió antes o después de la creación de la tierra?
16. ¿Dónde está ahora Satanás?
17. ¿Qué relación tiene con el mundo?

18. Indique las tres etapas en que quedará destruido en el futuro el poder de Satanás.
19. Mencione las dos clases de ángeles caídos.
20. ¿Qué ángel tiene jurisdicción sobre los judíos?
21. Describa una guerra futura en la que participarán ángeles buenos y malos.
22. ¿Dónde estarán por toda la eternidad los ángeles del diablo?
23. ¿Dónde está la otra clase de ángeles caídos?
24. ¿Cuál fue su pecado?
25. ¿Cuál será su destino final?
26. ¿Qué otra clase de espíritus malos existe?
27. Haga una distinción entre ellos y el diablo.
28. Distíngalos de los ángeles caídos.
29. ¿Qué culto moderno está en contacto con los demonios?
30. ¿Qué dice la Biblia acerca de esto?
31. ¿Qué clases de hombres muertos hay?
32. ¿Dónde van las almas de los hombres al morir?
33. ¿Qué acontecerá a los lugares intermedios donde van los muertos, después del juicio final?
34. ¿Dónde estaba el paraíso antes de la resurrección de Cristo?
35. Mencione a dos personajes del Antiguo Testamento que estaban en este paraíso.
36. ¿Dónde fue Cristo al morir?
37. ¿Qué aconteció al paraíso cuando Jesús ascendió a lo alto?
38. Cite las Escrituras para indicar dónde está ahora el paraíso.
39. ¿Cuándo quedará vacío el paraíso?
40. ¿Cuál es la palabra hebrea y griega para "infierno"?
41. ¿Cuál es la palabra hebrea para "sepulcro"?
42. ¿Qué otro lugar hay en las regiones inferiores de la tierra?
43. ¿Qué se entiende por Tártaro?
44. ¿Cuál es el nombre hebreo, griego y castellano para el infierno final?
45. ¿Cuánto tiempo durará este infierno?